郊外社会の分断と再編

つくられたまち・
多摩ニュータウンのその後

石田光規 編著
Mitsunori Ishida

晃洋書房

郊外社会の分断と再編
つくられたまち・多摩ニュータウンのその後

目　　　次

序章　郊外社会のつながりと持続可能性 ── 石田光規…1
　　　──本書の目的

1　「地域」が強調される時代　(1)
2　地域のつながりと持続可能性
　　──本書に通底する二つのキーワード　(2)
3　調査地および研究概要　(12)
4　本書の構成　(18)

第 I 部　開発の帰結としての住民の分断

第1章　地域社会における「濃密な関係」── 石田光規…25

1　本章の位置づけ　(25)
2　研究のなかの地域関係　(25)
3　量的調査から見る地域のつながり　(33)
4　現代社会の近隣関係　(43)

第2章　住宅階層問題の変容と都営団地の持続可能性
　　　　　　　　　　　　　　　　　　　　　　　── 林　浩一郎…47
　　　──住宅の市場化／セーフティネット化の歪み

1　ニュータウンの住宅階層と地域社会の変容　(47)
2　都営団地はなぜ高齢化するのか　(52)
3　愛宕地区の交流組織の盛衰と地域の分断　(53)
4　住宅の市場化／セーフティネット化の行方　(56)
5　おわりに
　　──新自由主義下における新たな住宅階層問題の行方　(60)

第3章　地区内・地区間の社会階層の格差と生活満足度
　　　　　　　　　　　　　　　　　　　　　　　── 脇田　彩…63

1　人びとの幸福と地区の社会階層　(63)

2　地区の社会階層が幸福に影響するメカニズム　(66)
3　社会階層の格差の実態　(71)
4　分析結果——地区内格差か，地区間格差か？　(73)
5　地区内・地区間の格差と地域のつながり　(79)

第4章　住宅階層問題が発生している地区を含む通学区域変更 ———— 井上公人 …87
——郊外社会の分断と融和の可能性

1　はじめに　(87)
2　なぜ通学区域変更が地域社会に与える影響に着目するのか　(88)
3　多摩市における通学区域変更の状況
　　——東・西愛宕小を中心に　(91)
4　地区間の社会経済的格差と通学区域変更への賛否　(100)
5　住宅階層問題の超克　(103)

　　　　第Ⅱ部　持続可能な地域生活にむけて

第5章　認知症高齢者を支える見守りとつながりのかたち ———— 井上修一 …113

1　認知症・行方不明者1万人社会の現実と見守りのかたち　(113)
2　認知症高齢者を見守る地域住民のまなざしの光と影　(115)
3　徘徊高齢者SOSネットワークにみる
　　公私協働の見守りとつながりづくりの現状と課題　(118)
4　認知症高齢者を介護する家族同士がつくる見守りとつながりのかたち
　　—— TAMA認知症介護者の会・いこいの会の存在意義　(124)
5　見守りがより実行力をもつための
　　「個別性」「日常性」「専門性」の重要性　(130)

第6章 「再生された」伝統的集団による地域の再編
　　　　　　　　　　　　　　　　　　　　　　　　　　　大槻茂実…137
　　　　　──地域祭りへの参加に注目して
　1　郊外における地域祭り　(137)
　2　郊外の均質性と「新たなる」伝統へのまなざし　(138)
　3　乞田・貝取地区と乞田囃子連　(142)
　4　囃子からみる地域祭りへの参加　(145)
　5　「再生された」伝統的集団による地域再編の萌芽　(157)

第7章 地域資源としての大学　　　　　　　　　大槻茂実…163
　1　地域課題の解決手段としての「地元大学」の活用　(163)
　2　大学の郊外移転と地域連携の模索　(164)
　3　学官連携の焦点　(166)
　4　データからみる大学の「地域貢献」の課題　(167)
　5　「とりあえず」の連携からの脱却──持続可能な学官連携へ　(179)

第8章 官民連携による「ニュータウン再生」の模索
　　　　　　　　　　　　　　　　　　　　　　　　　　　林　浩一郎…185
　　　　　──エリアマネジメントとエリアリノベーションの試み
　1　官民連携によるエリアマネジメント　(185)
　2　官民連携による団地リノベーション　(188)
　3　官民連携によるエリアマネジメント　(194)
　4　愛宕地区エリアマネジメント試論　(197)
　5　おわりに
　　　　　──新自由主義下におけるエリアマネジメントの可能性　(202)

終章　郊外社会の再編にむけて　　　　　　　　石田光規…207
　1　本書の狙い　(207)
　2　郊外社会における人びとのつながり　(207)

3　持続可能性を見据えて　（210）

あとがき　215
資　　料　219
索　　引　221

序章 郊外社会のつながりと持続可能性
―― 本書の目的

石田光規

1 「地域」が強調される時代

　本書は地域住民のつながりのあり方の分析・検討を通じて，今後の地域社会の持続可能性について考察することを目的としている。そのさい，分析の対象を郊外に限定する。

　戦後の高度経済成長とともに，都心周辺に「郊外社会」が形成されてから50年前後の歳月が過ぎた。面的に開発された戦後の郊外社会は，そこに住む人びとのライフステージを均質化させる側面をもつ。

　郊外の開発初期にあたる1960年代半ばから70年代に転入してきた人びとは，入居時に20代半ばから30代半ばで小さい子どもを抱えていた。年代も若く活気のある新住民たちは，地域社会の新たな担い手――「コミュニティ」の担い手――として，多くの人びとの注目を集めた。彼ら／彼女らの活動は時代を先取りするものと受け取られ，その後多くのコミュニティ論，住民運動論を生み出してゆく[1]。

　そんな初期入居世代も，2010年代を迎えた今では60代半ばから80歳近くを迎えている。その間に，日本社会にはいくつかの面で対照的な状況が訪れた。郊外開発が盛んであった高度経済成長期，日本社会全体は右肩上がりの経済成長の下，活気に満ちていた。翻って，現在，日本社会は「失われた」10年，20年と言われ活気を失っている。

---

1) たとえば，磯村ほか編（1971）や松原・似田貝編（1976）などがあげられる。

人口構成も一変した。生産年齢人口および年少人口の多かった1960年代と異なり，2016年9月推計の65歳以上人口比率は27.3%となっている。その一方で，2016年生まれの子どもの数は1899年の統計開始以降，初めて100万人を割り込んだ。日本社会が経済的な課題，高齢化の課題を背負うなかで，郊外は，新住民による住民運動・市民運動の拠点から福祉課題の集積したオールドタウンへと姿を変えていった。

経済状況の厳しさから，行政が地域に割ける予算は限られている。その一方で，高齢者福祉を中心とした課題が顕在化しつつある。こうしたなか，再度，注目を集めているのが，地域の互助関係である。しかし，「地域の互助」と言葉で言うのは容易いが，「人びとが支え合う地域社会」はそう簡単にできるものではない。前著『つながりづくりの隘路』（石田 2015）では，郊外社会のつながりづくりがいかに"うまくいっていないか"さまざまなデータを用いて明示した。

本書では，分析をさらに進め，地域に住む人びとが結びつかない状態を「分断」と捉え，分断の原因および問題がいかなるところにあるのか探ってゆく（第Ⅰ部）。それを踏まえ第Ⅱ部では，地域の関係をいかに再編し，地域社会を持続可能なものとしてゆくか検討する。以下，本章では，本書に通底する二大キーワードである「地域のつながり」と「持続可能性」について概説し，本書が採用する立場を明示する。続いて，本研究の調査対象地である東京都多摩市の選定理由および現状についてまとめ，問題提起を行う。最後に，上述の目的を達成するために行った諸調査の概要を提示してゆく。

2 地域のつながりと持続可能性
—— 本書に通底する二つのキーワード

（1） 地域のつながり
① 地区内と地区間

前著でもまとめたように，1990年代に進行した行財政の悪化と高齢化は，地域に対する自立の要求を強め，地域への目線を強化してきた。その背後に「地方切り捨て」の思惑が潜んでいるという批判はあるものの，昨今の地方創

生関連の施策も同一の流れに属している。地域への目線の強化は，そのまま「地域のつながり」への目線の強化につながってゆく。敢えて俗っぽく言えば，「地域の人びとと手を携えて頑張りましょう」という流れだ。

さて，そのさい言及されるつながりには，大別すると地区内と地区間の二種類がある。「地区内のつながり」とは，地理的に狭小に区切られた範域内で，そこに住む人びとが取り結ぶつながりである。ここでいう地区とは，一般的に言えば共同性をもちうることを望まれる近隣社会であり，具体的に言えば特定の自治会・町内会または自治会連合，小学校区，コミュニティエリアなどを指す。この地区内のつながりは，「福祉コミュニティ」など福祉の装いをまとって現れることも多い。

高齢化とともに福祉課題が増加する一方で，財政的な問題から行政ができる支援は限られている。そこで着目されるのが互助的な支え合いを基盤とした地区内のつながりである。地域福祉研究では，小学校区などの狭い範囲を軸にした小地域福祉の重要性がたびたび指摘されている。[2] 厚生労働省の「高齢者等が一人でも安心して暮らせるコミュニティづくり推進会議」による『高齢者等が一人でも安心して暮らせるコミュニティづくり推進会議（「孤立死」ゼロを目指して）』(2008)でも，「人とのかかわりが気楽にできる関係づくり」「あいさつができる地域づくり」「人が集まれる拠点の重要性」「適度な世話焼き（おせっかい）が可能な人間関係」(12-13) が推奨されている。

第2の類型である「地区間のつながり」とは，地区の境界を越えて，地区同士を結びつけるつながりを指す。狭い地区では人材も限られるため，専門的なサービスや技能などに限界が生じる。その欠点を補うべく地区間での連携を強化し，より大きな「効果」を求めるのが後者の言説の特徴である。

この言説は，福祉，経済などさまざまな分野で用いられる。福祉分野では，人びとの多様なニーズに対応するにあたり，ネットワーク的にさまざまな機関や人びとを連携させるさいに，地区間のつながりに言及される（秋山 2013 など）。経済分野では外部との連携によるイノベーションの構築のように，新たな発想

---

2) たとえば，岩崎 (2003)，佐甲 (2008)，牧里 (2012) を参照されたい。

または商品開発の起爆剤としての役割が期待されている。本書は経済的な効果については，ほぼ扱わないものの，広域的に地域を活性化しうる「地区間」の協力的つながりについても射程におく。

② 本書の射程とする「地区」

さきに述べたように，本書では「地区」を「共同性をもちうることを望まれる近隣社会」と定義した。この「地区」についてもう少し詳しく説明しておこう。

郊外社会といっても，その様相を一括りにはできない。流入者のライフステージや属性の近似は，あくまで部分的なものであり，郊外がすべて同じ特性を備えているわけではない。むしろ，宅地開発によって截然と区別された郊外には，隣接していてもまったく異なった様相を呈する地域もある。

そこで本書は，さきの定義に宅地開発の様相を加味して，いくつかの地区類型を作成する。そのさい，地区内のつながりという時には，以下に述べる地区類型によって区分された地区内でのつながりを指す。一方，地区間のつながりという場合には，地区同士または，地区を越えた外部との関係も射程に入れる。地区の簡単な定義は表序-1の通りである[3]。以下，より詳しく説明しよう。

表序-1 地区類型化の基準

大分類	小分類	特性
既存地区 (近世村落を母体にローカルな自治区・自治連合が存在)	漸進開発地区	地区の中心として戦前から開発され，明治・大正期から緩やかに人口が増えている。新旧住民の区別が不明確。
	混在地区	地理的な不便さから開発が戦後となり，高度経済成長以降，爆発的に人口が増える。新旧住民の区別が明確。
一括開発地区 (戦後一体的に開発され，区域にローカルな自治区・自治連合が存在)	戸建て地区	戸建て住宅の提供を目的として，面的に開発された地区。
	賃貸・公営団地地区	賃貸，公営・公社住宅の提供を目的として，面的に開発された地区。
	分譲団地地区	分譲の集合住宅の提供を目的として，面的に開発された地区。

3) 本書の地区類型と前著『つながりづくりの隘路』の地区類型は，類型自体は同じもののその定義は若干異なる。というのも，前著の出版後，地区の定義に対する範域の曖昧性を指摘されたからだ。その点に鑑み本書では，地区の範域をより明確にし，各類型を定義し直した。

1) 第1の基準：既存地区と一括開発地区

　郊外社会の諸地区を類型化するうえでの第1の基準は，一括開発経験の有無である。特定の地域を対象に包括的に行われる宅地開発は，異なった地域からの流入者の集積という――今の社会では当然かもしれないが――きわめて"不自然"な集住形態をとる。しかしその一方で，出身地以外の諸属性は近似することが多い。というのも，同じ時期に，似たような価格帯で，似たような間取りの住居に住むことを選ぶ人びとは，階層やライフステージ，ライフスタイルも近似する可能性が高いからだ。一方，緩やかに開発された地区は，程度の差こそあれ，一定数の既存住民が残っている。また，まばらに開発されたゆえ，住民の階層やライフステージの統合度は低い。

　本書は戦後の宅地開発を通じて切り開かれ，域内にローカルな自治区または自治連合を保持し，近隣社会として確立している地区を一括開発地区とする。一方，近世村落を母体としたローカルな自治区・自治連合が存在し，スプロール的に切り開かれた地区を既存地区と定義する。

　この二つの地区は地区内のつながりを築くさいに異なった課題を背負う。近世村落を母体とした既存地区には，旧来的な農村共同体を知る層と来住層が混在する。既存層は人数こそ少ないものの，ローカルな組織やイベントにおいて存在感を発揮する。一方，来住層のなかには，いわゆる地域無関心層も少なからず含まれる。したがって，既存地区には，程度の差こそあれ，彼ら／彼女らをいかに結びつけてゆくかという課題が存在する。

　一括開発地区に住む人びとは共同性の再編を文字通りゼロから始めなければならない。属性を共有しつつも，「ふるさと」は共有しない流入者により構成された地区は，新しく得た土地に新たな共同性を生み出すという課題を背負うのである。

　以上を踏まえて，次に，既存地区，一括開発地区についてより細かく分類してゆこう。

2) 既存地区

　既存地区は一括開発の手が入らないゆえ，程度の差こそあれ，いずれも民間資本によるあまり秩序だっていない開発を経験する。高度経済成長期に「スプ

ロール化」と批判された開発手法はその典型である。そこから以下の問いを立てることができる。すなわち，民間開発の進行の程度により，既存地区が体現する地域関係および地域課題は異なるというものだ。そこで，既存地区をより広域的な地域の中心にあり，第二次世界大戦前から開発の手が及んだ漸進開発地区と地理的な不便さから開発が戦後となり，高度経済成長期以降に人口が爆発的に増えた混在地区に分ける。

　前者は地域の中心で開発の歴史が古いということもあり，明治期から徐々に人口が増えている。そのため，新住民，旧住民の区別がつけにくく，新旧住民の対立や旧住民の支配がそこまで明確ではない。一方，後者は，高度経済成長期以降の一時期に，多大な人口が流入したため，高度経済成長以前から当該地に住む旧住民と，それ以降に流入してきた新住民との区別が明確である。ために，両者の間での交流の不活発や対立などが生じやすい。

　　3）　一括開発地区

　一括開発地区は業態はどうあれ，ある年次に一括して宅地開発された歴史をもつ。これについては，まず，戸建て住宅の地区と集合住宅の地区に分類したい。戸建て住宅は，かつての「住宅すごろく」においてゴールに定められたように，ある程度階層の高い人びとを対象に開発されている。本研究では，戸建て住宅の建設を目的に開発された地区を「戸建て地区」として類型化する。

　集合住宅については，さらに細かく分ける。すなわち，安価な住宅の供給を目的とした賃貸・公営の集合住宅の集積する開発地区と，質の高い住宅の供給を目的とした分譲集合住宅の開発地区である。本書は前者を賃貸・公営団地地区，後者を分譲団地地区と類型化する。

③　宅地開発に基づく地区類型の要点

　宅地開発に準拠して地区類型を定義し，そこから地区内，地区間のつながりを検討する意義を一言で述べるならば，都市計画に対する社会学的視点の導入である。平山（2009）が指摘するように，住宅政策にまつわる一連の議論は都市計画家がリードしてきた。まちづくり，地域づくりを主題とした書籍の多くは，都市計画家によって執筆されている。こうした流れは，一方で，住宅政策

から社会問題を抽出する姿勢を希釈させた（平山 2009）。

　とはいえ，社会学において，人為的に築き上げた「町並み」の問題性は，すでに指摘されている。竹中（1998）は，地域内および地域間の共同性・連携が，画一的な宅地開発により阻害される様相を「住宅階層問題」と称し，その問題性を指摘していた。しかしながら，竹中の指摘は，その後，都市社会学，地域社会学研究においてあまり注目されなかった。

　しかし近年，高木（2012）や祐成（2016）により，構造物としての住宅がもたらす問題が指摘され，宅地開発を通じた「人工的町並み」と人びとの意識や共同性との関連に注目が集まっている。本書の類型を用いれば，住宅階層を基軸とした住民の分断，あるいは，住宅階層を超越しうる住民の連携のありようを分析・検討することができる。

（2）　地域の持続可能性――二つの言説

　本書を読み解く第2のキーワードである持続可能性についても，簡単に検討しておこう。特定の地域の持続可能性を扱った言説は，大まかに二つに分けられる。国家のように広域的なシステムの持続可能性を考慮した言説と，すべての地域に住む人びとの生活の持続可能性を考慮した言説である。以下では，それぞれの言説の要点を検討した上で本書が想定する持続可能性について明らかにしよう。

①　全体システムの維持を主眼とする持続可能性言説

　高齢化率の上昇と経済成長の停滞は，行財政計画の見直し圧力を強める。このような事情を斟酌して，第1の言説は，限られた財源を活かしつつ，人びとの生活を継続的に支えてゆけるシステムの構築を志向する。ために，第1の「持続可能性」言説は経済合理的なコスト計算と連動して論じられやすい。具体的に言うと，サービスの集約化を志向した打開策が提示される。コンパクトシティ構想は，その典型である。

　海道（2001）が指摘するように，日本におけるコンパクトシティ構想は，高齢化や人口減少に対応する策として提示された。すなわち，高齢化および人口

減少が進む地域では，地域生活が立ちゆかなくなる可能性があるので，徒歩圏内で用事を済ますことのできる集住地区を立ち上げる，といった発想だ。

民間のシンクタンク，地方創成会議が提示した「地方消滅」対策や広井が提示した「創造的福祉社会」も同じ系統に属する。地方創成会議は「地方消滅」を食い止めるため，地方の拠点に人口のダムを設けることを提案し（増田 2014），広井（2006, 2011）は（東京）一極集中型の地域構造を，諸地区に拠点をもつ多極型の構造に転換することを提案している。

農山村に注目する研究者のなかでは，農村経済学者が呈示した「撤退の農村計画」も同様の論理から成り立っている（林・齋藤編 2010）。撤退の農村計画とは，農山村の崩壊を否定できない事実と捉え，いったん，近隣都市の前線基地に撤退しつつ，農山村に再帰する機会を伺う方策である。

分散的な地方の拠点集約化は行政にも検討されている。2014 年には，国土交通省が『国土のグランドデザイン 2050』をまとめあげ，地域のコンパクト化とネットワーク化を基軸とした国土計画を提示した。衰退する地方勢力を 1 カ所にまとめ上げることで拠点化し，「持続可能性」を確保することを目指したこの提言は，地方創成会議の提案とほぼ一致する。

さて，ここまで見てきた第 1 の「持続可能性」言説において，強く意識されているのが「財布の中身」である。各所に点在する人口減少地区を個別的に救う方策は，財政的にも難しい。だからこそ，サービスおよび住民を 1 カ所に集め，生活保障を充実させるというのが一連の施策の要点である。それゆえ，この施策は，衰退しつつある地区に住む多くの人びとの居住移転を要求する。

しかし，合理的なコスト計算の下，システムの継続に焦点を当てた方策は，他方での不備を生み出す。住民の定住意向の毀損である。既存の研究からも明らかなように，中山間地域に住む住民の多くは現在の地に住むことを望んでいる。[4] もっと踏み込んで言えば，現在の中山間地域で，他出意向をもつ人の多くはすでに退出し，強い定住意向をもつ人のみが残っていると言える。こうした

---

4) たとえば，山本（1999）は，島根県で行った質問紙調査から，高齢者の多くが定住願望をもち，流出者についても「不本意としての流出」「絶望としての流出」の可能性が高いと指摘している

図序-1 持続可能性の概念図

のとおりである。

葉の部分は，各地区で生活するそれぞれの住人（世帯）である。彼ら／彼女ら（各世帯）は，地区内外の中間集団に包摂されている。この中間集団が木の幹にあたる。中間集団には，自治会・町内会などのフォーマルに近い集団と，趣味の集まりといったインフォーマルな集団がある。これらの集団はさまざまな活動を通じて住民の生活を支援し，また住民個々人の活動が集団の存続を支援する。

根にあたるのは，住民や中間集団が所在する地区に存在する諸施設である。この施設にはそれぞれの住宅も含まれる。これら諸施設は諸地区の住民および中間集団の存続基盤として，個人および集団の持続性を支えている。また，都市計画や営利組織の動向と密接に関連する。

本書では，住民の生活から町並みまでを持続可能性という観点から一体的に捉え，それぞれの部位において，住民，営利組織，非営利組織，行政がどういった役割を果たし，それらが市場原理と折り合いをつけつつ，どのように持続可能性を確保しうるか検討する。

(3) 本書の着眼点

本節の最後に，これまでの議論をまとめつつ，本書の着眼点を再度掲示しよう。第1節でも述べたように，地域への目線は強まっているにも関わらず，地域住民のつながりづくりはあまりうまくいっていない。本書の前半では，住民が当該地域の人びとと主体的に関わらない状況を地域社会の「分断」と捉え，それがいかなる原因により生じ，いかなる問題を引き起こしているのか明らか

にする。そのさい，近隣社会（地区）を宅地開発の類型に基づいて分類し，地区内および，やや広域的な地区間の「つながり不在」の要因を多面的に検討する。言い換えると，多方面からつながりにまつわる地域の問題を洗い出してゆく。

本書後半では，前半の問題を受け，地域の人びとをどのように結びつけ，持続可能性を確保してゆくか検討する。そのさい，すべての地域に住む人びとの生活の持続可能性を考慮した言説に寄り添いつつも，市場的な効率性を見据えた方策も射程に入れる。この目的を達成するため，住民同士の互助関係から中間集団の活用，地域－大学連携，エリアマネジメントといった幅広い範囲の事例を分析し，地域の人びとのつながりの再編，持続可能性の確保について検討してゆく。

3 調査地および研究概要

(1) 調査地概要

上述の目的を達成するために選定された調査地が東京都多摩市である。そこで次に，本研究の舞台となった東京都多摩市について，その概要を簡単に説明しよう。

① 多摩市の地勢

東京都の中南部に位置する多摩市（図序-2）は，東京都心から私鉄を乗り継ぎ，約30分のところに位置する郊外住宅地である。市域は東西約7km，南北約4.8kmで，面積は21.08平方kmである。北は日野市と府中市，東は稲城市，南は町田市と神奈川県川崎市多摩区，西は八王子市に接している。2015年1月1日の人口は14万7486人（住民基本台帳），65歳以上人口比率は25.4%である。

多摩市の景観を論じるさいに避けて通れないのが開発のインパクトである。多摩市（多摩村）は，戦後最大の宅地開発，多摩ニュータウンによって全国的に一躍有名になった。多摩市は市域の1247ヘクタール，割合にして実に約60%がニュータウン開発に編入されている。自治体の6割が国策的に開発され

資料：井上公人作成。
図序-2　多摩市の位置

た地域というのは、他に類を見ない。

　ニュータウン開発が市の南部であれば、北部は京王電鉄を中心とした民間資本によって開発されている。国策的に開発された南部と民間資本によりスプロール的に開発された北部は、戦後の郊外開発の痕跡を至るところに異なった形で残してきた。結果として、多摩市の諸地区は開発年次や開発主体に応じて異なった表情を見せる。いわば、宅地開発のエキスを結晶化させた地区連合体のような特性をもつ。したがって、多摩市は、開発された地区のつながりにまつわる諸問題および処方箋を多角的に検討するにあたり格好の事例を提供してくれる。

②　多摩市の人口動態

　多摩市の人口動態も、同市が経験した宅地開発のすさまじさを体現している。図序-3は1920年から2031年までの多摩市の人口動態である。2016年以降は推計となっている。これを見ると、多摩市の人口は1920年代から1955年まではそれほど大きな変化は見られない。しかし、北部の開発が本格化する1960年から70年にかけて、まちの人口は急速に増えてゆく。その勢いはニュータウンの初期入居があった1970年から75年の間にさらに加速し、多摩市でのニュータウン開発がほぼ終了する1990年まで続く。この図は多摩市が宅地開発を通じて、外部から多くの住民を取り込んだことを明瞭に示している。

　面的な宅地開発による住民の流入は、現在、急速な高齢化として地域に跳ね

返っている。多摩市の高齢者人口比率は，図序-4 にあるように，2013 年，14 年は全国平均を下回るものの，2015 年には全国平均に追いつく。さらにその後は，全国平均を上回る速さで高齢化が進むと予測されている（多摩市 2015）。高齢化の進展は，多摩市の諸地区に福祉問題を顕在化させつつある。まさに持続可能性の危機にさらされていると言えよう。

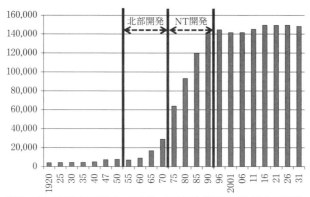

資料：1950 年以前は国勢調査，1955 年～1990 年は『統計多摩』（平成 8 年版），1996 年以降は『多摩市地域福祉計画平成 24～28 年度』に基づく。なお，1960 年の人口減少は，連光寺下川原地区の府中市編入による。

図序-3　多摩市の人口動態

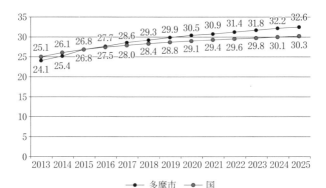

資料：『高齢者保険福祉計画・介護保険事業計画平成 27～29 年度』（多摩市 2015）から作成。2015 年以降の数値は多摩市将来人口推計に基づく。

図序-4　多摩市の高齢化の推移

③ 各地区の概要

　表序- 1 との対応関係を想定して抽出した五つの地区についても簡単に触れておこう。漸進開発地区として選出したのは，多摩市北部の鉄道駅（聖蹟桜ヶ丘駅）を中心に，戦前から徐々に栄えてきた関戸である。聖蹟桜ヶ丘駅（旧関戸駅）は多摩市に開設された最初の鉄道駅であり，その歴史は 1925 年とかなり古い。関戸には，駅を中心に商店街，ショッピングモールが段階的に開設され，それにともない新住民が受け入れられてきた。したがって，新住民／旧住民といった明確な区分や対立構造は希薄である。これまでの住民に新住民を受け入れる形で，漸進的に形を変えてきたのが関戸である。

　もう一つの既存地区である混在地区としては，乞田・貝取を選んだ。多摩市を東西に走る幹線道路の南側に位置する乞田・貝取はニュータウン計画に入っているものの，区画整理によって大規模宅地開発を免れた。1970 年代まで農村としての景観を維持していたため，地区内には地付き層がかなり残っている。そのような事情を反映してか，乞田・貝取地区を構成する五つの自治会の会長は，地付き層で固定されている。また，地域に古くから存在する講のつながりも未だに残っている。

　しかしその一方で，地主層が建築したアパートやマンションなどの集合住宅，1970 年代以降に新たに進出してきた民間企業による集合住宅も混在する。そのため乞田・貝取には，まとまりの強い旧住民層と個々分断された新住民層が入り交じっている。以上の特性から，乞田・貝取は昔の「ムラ」の姿を多少なりとも留めつつも，新住民が急激に流入した混在地区と言える。

　戸建て住宅地区として選出したのは桜ヶ丘である。桜ヶ丘は，多摩市北部に位置するためニュータウン計画に編入されていない。多摩市の北部は国策として開発された南部と対照的に，大手私鉄・京王電鉄株式会社が中心となって開発した。なかでも桜ヶ丘は，京王電鉄が高階層の人びとを射程に宅地造成した高級住宅地区である。

　小高い丘に位置する地区内に集合住宅はほとんど見られず，建てられている住宅の敷地も 100 坪程度と相当広い。建設開始は 1960 年であり，造成当時は京王電鉄の社長も桜ヶ丘に住んでいた。それ以外にも会社社長や大学教員など

が数多く住んでいる。

賃貸・公営団地地区として選定したのは愛宕である。愛宕は，ニュータウンの初期開発の地区であり，入居開始は1972年と多摩ニュータウンのなかで2番目に旧い。この地区は都が主体となって開発したため，都営団地や公社住宅が林立している。1998年時点で，東京都により賃貸2027戸，分譲931戸が建設されている。開発年次が旧かったため，域内にはエレベーターのない内階段のいわゆる「箱形住宅」が並んでいる。旧来的な団地型の住区と言ってよい。

分譲団地地区として選定したのは鶴牧である。鶴牧は，多摩市のニュータウン開発でも最晩期の開発地区である。入居開始時期は1982年と，愛宕と10年の差がある。

多摩ニュータウンは，開発の過程で住宅の量的供給から質的環境の充実へと方針を転換させた[7]。そのため，鶴牧には，メゾネット形式などの比較的高価なテーマ型の分譲集合住宅が建ち並ぶ。したがって，同じ集合住宅地区といえども，愛宕との景観は大きく異なる。

（2） 本研究の概要

郊外社会のつながりにまつわる諸問題を抽出し，持続可能な方策を検討するために，本研究では複数の量的調査，質的調査を実施した。以下では，本研究でなされた調査の概要を説明する。

① 質問紙調査1：多摩市のまちづくりと福祉にかんする調査

本研究では，地域の実情を鳥瞰的に明らかにする目的で二つの質問紙調査を実施した。第1の調査は，郊外の宅地開発と住民の意識や行動との関連を探るために実施した『多摩市のまちづくりと福祉にかんする調査』（以下，5地区調査）である。

表序-2 地区別回収数・率（%）

地区	回収数	回収率
関戸	218	43.6%
乞田・貝取	180	36.0%
桜ヶ丘	257	51.4%
愛宕	199	39.8%
鶴牧	232	46.4%
合計	1086	43.4%

---

7) 多摩ニュータウン開発の詳細については細野・中庭編（2010）を参照されたい。

この調査では，表序-1の類型に当てはまる5地区に住む30歳から79歳の男女500人（合計2500人）を対象に郵送による質問紙調査を実施した。調査対象は選挙人名簿抄本からランダムに抽出している。

　調査票は2013年9月5日に発送し，9月13日に住所不定で返信された35ケースのみ，予備サンプルを用いて再発送した。その後，9月19日にお礼を兼ねた督促葉書を発送している。最終的な回収数は1098票，このうち白票や年齢対象外ケースを除いた有効回収数が1086票，有効回収率43.4％である。東京都内で実施した郵送調査としては，高い回収率であった。地区別の回収率は表序-2のとおりである。

　おもな質問項目は，近隣を中心とする人間関係，行政サービスの認知と利用，地域活動への参加の有無，交通手段の利用状況，生活上の不安・満足，地域への愛着，政治意識，健康状態などと個人属性である。調査についての詳細は石田（2015）および石田ほか（2015，2016）を参照されたい。

② 質問紙調査2：多摩市の小学校教育と地域生活に関する調査

　『多摩市の小学校教育と地域生活に関する調査』（以下，小学校調査）は，宅地開発による地区間の分断と通学区域再編との関連を検討する目的で実施された。そのため，調査対象は，通学区域再編の対象となった多摩第一・多摩第二・東寺方・愛和・西愛宕小の通学区域に住み，小学校4年生から6年生の児童をもつ母親に限定している。[8] 抽出台帳は住民基本台帳総覧簿であり，該当する人すべて（1027ケース）を抽出した全数調査である。調査時期は，多摩第一・東寺方・多摩第二小の通学区域変更と，多摩第二・愛和小の通学区域変更が行われた後の2015年7月末〜8月中旬である。調査は郵送法を用いて行われ，有効回収数が570票，有効回収率55.7％である。通学区域別の回収率は表序-3のとおりである。

---

8) ただし，調査対象を抽出した住民基本台帳総覧簿から厳密に「母親」を抽出することはできない。したがって，本調査の対象は，年齢や性別から「母親と想定されるもの」を抽出したものである。また，母親が不明の場合は父親，あるいは保護者と推定されるものに調査を依頼した。

表序-3　通学区別回収数・率（%）

通学区	回収数	回収率
多摩第一	210	62.9%
多摩第二	131	60.9%
東寺方	119	48.6%
愛和	88	52.4%
西愛宕	22	35.5%
合計	570	55.7%

調査では，通学区域変更に関する設問を中心に，多摩市内および地域での生活や暮らしの状況，それにともなう意識，子どもの学年・通学先，多摩市の教育について，教育や社会に関する意識，個人属性，住居形態，同居家族，職業，学歴，暮らし向き，収入，家庭の文化資本などについても尋ねた。

③　質的調査

質的調査は主に聞き取りによって行った。対象は多摩市の住民，行政関係者，地域活動関係者など多様である。質的調査の詳細については，各章に記載されているので，詳しくはそちらを参照されたい。

4　本書の構成

本書の構成は，郊外社会の諸問題を抽出する第Ⅰ部と問題に対する方策を検討する第Ⅱ部に大別される。

第Ⅰ部では，郊外社会において，地区内・地区間のつながりはなぜうまくできないのか，データをもとに確認してゆく。第1章では諸議論に先立ち，人びとの近隣関係の諸状況を全国調査および5地区調査をもとに検討してゆく。そこから，近隣社会の互助的つながりはもはや風前の灯火であり，それは多摩市に限らないことが示される。

第2章は地区内のつながりに焦点を絞り，開発による階層的なゾーニングが地区内のつながりをいかに阻害してきたか，賃貸・公営団地地区の聞き取り調査から明らかにする。

第3章では，諸地区を準拠集団と捉え，それぞれの地区が諸個人の生活への意識（満足度）の形成にどのような影響を与えているのか明らかにする。この分析により，截然と区画された町並みが人びとの意識に与える影響，階層的に異なる地区間でのつながりの困難性が示される。

第4章は，通学区域変更が地区内および地区間での連携にいかなる影響をおよぼしてきたのか検討する。小学校調査および事例分析から示されるのは，住宅階層間を横断するかたちで実行された通学区域変更が階層対立を引き起こす事実であった。

　第Ⅱ部では，つながりに亀裂の入った郊外社会における地区内・地区間関係の再編の試みを検討し，地域の持続可能性を模索する。この第Ⅱ部は，身の回りの関係からエリアマネジメント，学官連携など，徐々に分析対象が拡大する構成になっている。先ほどの概念図（図序-1）でいえば，葉から根にかけて向かう構成になっている。

　第5章では，認知症サポートの事例をもとに，年を重ねても住み続けることのできるまちづくり，関係づくりについて検討する。続く，第6章では，地区の小組織に注目し，当該組織が近隣区域の地域住民の連帯再編にどのように寄与するか，組織の持続可能性をどのように確保してゆくか検討する。

　第7章は地域資源としての大学を扱う。大学はかつての郊外開発とともに郊外移転の対象となった。しかし，こんにち，都心回帰の動きが強まっている。こうしたなか，郊外にとどまる大学が地域の持続可能性にいかなる貢献をなしうるか明らかにする。

　第8章では，1960年代から70年代に住宅の量的供給を目的として大量に建設された集合住宅（団地）の再活用策を検討する。そこで提示されるのは，既存の土地を資源として活用することで，地区のリノベーションを図り，地域の持続可能性を確保する方策である。

　終章はこれまでの議論を総括し，今後の郊外社会の持続可能性について展望する。本書を通じて地域のつながりにまつわる諸問題および諸方策を多面的に検討してゆく。

参照文献
饗庭伸，2015，『都市をたたむ——人口減少時代をデザインする都市計画』花伝社．
秋山美紀，2013，『コミュニティヘルスのある社会へ』岩波書店．
平山洋介，2009，『住宅政策のどこが問題か——〈持家社会〉の次を展望する』光文社．

広井良典，2006，『持続可能な福祉社会——「もう一つの日本」の構想』ちくま新書．

広井良典，2011，『創造的福祉社会——「成長」後の社会構想と人間・地域・価値』ちくま新書．

入江嘉則・小田博之，2013，「新しい地域支援のかたち——サポート人材と集落支援センター」小田切徳美・藤山浩編著『地域再生のフロンティア——中国山地から始まるこの国の新しいかたち』農文協，153-187．

石田光規，2015，『つながりづくりの隘路——地域社会は再生するのか』勁草書房．

石田光規・大槻茂実・脇田彩・井上公人・林浩一郎，2015，「たま・まちづくり研究会の概要と研究報告1」『都市政策研究』9: 25-48，首都大学東京．

石田光規・大槻茂実・脇田彩・井上公人・林浩一郎，2016，「たま・まちづくり研究会の概要と研究報告2」『都市政策研究』10: 13-74，首都大学東京．

磯村英一・鵜飼信成・川野重任編，1971，『都市形成の論理と住民』東京大学出版会．

岩崎雅美，2003，「小地域福祉活動の推進と社会福祉協議会の役割」山本主税・川上富雄編著『地域福祉新時代の社会福祉協議会』中央法規，144-153．

海道清信，2001，『コンパクトシティ——持続可能な社会の都市像を求めて』学芸出版社．

国土交通省，2014，『国土のグランドデザイン2050——対流促進型国土の形成』．

高齢者等が一人でも安心して暮らせるコミュニティづくり推進会議，2008，『高齢者等が一人でも安心して暮らせるコミュニティづくり推進会議（「孤立死」ゼロを目指して）』．

牧里毎治，2012，「住民参加で読み解く岡村地域福祉論」牧里毎治・岡本榮一・高森敬久編著『岡村理論の継承と展開 第2巻 自発的社会福祉と地域福祉』ミネルヴァ書房，118-144．

増田寛也，2014，『地方消滅——東京一極集中が招く人口急減』中公新書．

松原治郎・似田貝香門編，1976，『住民運動の論理——運動の展開過程・課題と展望』学陽書房．

水谷利亮，2013，「高齢者支援システムと行政システム——高知県と京都府における新たな集落対策の事例から」田中きよむ・水谷利亮・玉里恵美子・霜田博史『限界集落の生活と地域づくり』晃洋書房，113-138．

林直樹・齋藤晋編，2010，『撤退の農村計画——過疎地域からはじまる戦略的再編』学芸

出版社.

小田切徳美，2011，「農山村の視点からの集落問題」大西隆・小田切徳美・中村良平・安島博幸・藤山浩『これで納得！ 集落再生――「限界集落」のゆくえ』ぎょうせい，35-68.

作野広和，2006，「中山間地域における地域問題と集落の対応」『経済地理学年報』52: 264-282.

佐甲学，2008，「社会福祉協議会における地域福祉実践」井岡勉監修・牧里毎治・山本隆編著『住民主体の地域福祉論――理論と実践』法律文化社，197-206.

祐成保志，2016，「住宅がもたらす分断をこえて」井出英策・松沢裕作編『分断社会・日本――なぜ私たちは引き裂かれるのか』岩波書店，33-45.

高木恒一，2012，『都市住宅政策と社会――東京圏を事例として』立教大学出版会.

竹中英紀，1998，「ニュータウンにおける住宅階層問題の構造」倉沢進先生退官記念論集刊行会編『都市の社会的世界　倉沢進先生退官記念論集』，247-265.

多摩市，2015，『高齢者保険福祉計画・介護保険事業計画 平成27〜29年度』.

徳野貞雄，2007，『農村の幸せ，都会の幸せ――家族・食・暮らし』NHK出版.

築山秀夫，2016，「国土のグランドデザインと地域社会――中山間地域からの考察」『地域社会学会年報』28: 11-27.

山本努，1999，『現代過疎問題の研究』恒星社厚生閣.

第Ⅰ部　開発の帰結としての住民の分断

第Ⅰ部扉写真　撮影：井上公人

第1章 地域社会における「濃密な関係」

石田光規

1 本章の位置づけ

　地域社会の分断，再編を検討するにあたり，まず，踏まえておくべきなのが「地域社会の人間関係はどのようになっているか」である。その実態把握なくして，議論を繰り返しても机上の空論を重ねる結果となってしまう。

　そこで，本章では，地域の分断，再編を検討する嚆矢として，そこに住む人びとはどのような地域関係を築き，どのような地域関係を望んでいるのか，量的データを通じて鳥瞰的に明らかにする。本書のなかに位置づけるならば，本章は以降の章で展開される議論の足がかりの役目を果たす。

　以下では，「一定以上の濃密さをもつ関係」と地域に関する言説について簡単にまとめ，その後，官庁統計など全国調査をもとに，日本社会における地域関係の様相を探る。次に，本プロジェクトの「5地区調査」の結果から郊外における地域関係の実態を明らかにする。この二つを比較することにより，全国的に地域関係はどのようになっており，郊外社会は，それと比べてどういった特性をもつか明らかにできる。したがって，本章は固有の理論の検証よりも，実態の把握に重きをおいている。

2 研究のなかの地域関係

　前節では本章で扱う人間関係について「一定以上の濃密さをもつ関係」とややまわりくどく表現した。というのも，「一定以上の濃密さをもつ関係」の質

的変化こそが，地域関係を含めたこんにちの人間関係を読み解く上で，重要な意味合いをもつからだ。そこで，本節では「一定以上の濃密さをもつ関係」の質的変化について述べた上で，地域社会の人間関係のありようについて議論してゆきたい。

（1） 単線的縮小論の展開

「一定以上の濃密さをもつ関係」とは何だろうか。現代社会を生きる私たちは，いわゆる感情的親しさのともなう関係を「濃密な関係」とみなしがちである。しかし，関係は感情的親しさのみで満たされるわけではない。感情的には親しみを感じなくとも四六時中ともにいる人，あるいは"いなければならない"人どうしの関係も濃密と表現することはできる。

翻って，前近代社会について考えてみよう。いわゆる前近代と言われる時代において，多くの人びとは土地に根付いた生活をしてきた。人びとは地理的に閉ざされた空間のなかで，身近な血縁，地縁と協力しつつ生活してきたのである。このような社会で，「親しさ」を基準につきあう相手を選ぶ自由や余裕は少ない。したがって，こうした関係には，親しさや温かさといった観点とは別の，まさに，運命共同体としての濃密さがある。以上の点から，前近代社会における「一定以上の濃密さをもつ関係」とは，生活の必要性に拘束された全人的関係と言うことができよう。そして，その多くが血縁，地縁を指すことは想像に難くない。

「一定以上の濃密さをもつ関係」に決定的な変化をもたらしたのが，近代資本主義的な生活様式，つまり，貨幣を獲得しそれを物やサービスと交換することで生活を維持する生活様式の浸透である。近代資本主義的な生活様式の浸透により，共同生活によってのみ入手しえた財やサービスは，貨幣を通じて獲得できるようになる。その結果として，血縁，地縁を強固に結びつけてきた「生活の要請」は希釈される。人びとの生命は共同でなく貨幣の消費によって維持されるのである。

近代資本主義的な生活様式と人間関係の変化については，19世紀の思想家にするどく指摘されている。たとえば，マルクスは，経済合理性に基づく関係

を「人間を血のつながったその長上者に結びつけていた色とりどりのきずなをようしゃなく切断し，むきだしの利害以外の，つめたい『現金勘定』以外のどんなきずなも残さなかった」(Marx und Engels 1848＝1951: 42) と批判している。

　また，テンニースは社会が「信頼にみちた親密な水いらずの共同生活」(Tönnies 1887＝1973 上: 35) を旨とする「ゲマインシャフト」から相互に独立した人びとの「機械的な集合体・人工物」(Tönnies 1887＝1973 上: 37) である「ゲゼルシャフト」に推移しつつあることを指摘した。彼の述べるゲゼルシャフトは，「万民が商人の社会」を指しており，「人はそれぞれ一人ぼっちであって，自分以外のすべての人々に対しては緊張状態にある」(Tönnies 1887＝1973 上: 91) という「否定的基礎」を念頭において論じられている。

　上にも記したように，当時の視点は，経済的な関係が「一定以上の濃密さをもつ"温かい"関係」を毀損するというものであった。同様の関係の変化を，都市化から読み解いたのがシカゴ学派の都市社会学者である。その先駆的業績としてしばしばあげられるのが，シカゴ学派の巨頭ワースの『生活様式としてのアーバニズム』である (Wirth 1938＝2011)。

　彼によれば都市に住む人びとは，その人口量・密度・異質性の高さゆえ，深く知らない知り合いに囲まれた「統合失調症」的特徴を有する。また，都市における高度な分節化は第一次的接触より第二次的接触を優越させ，家族の意義や近隣社会を縮小させると述べた。同時に，第二次的接触の優越により生じる，接触相手との社会的距離の拡大は，人びとの孤独感を生み出すとも述べた。

　都市（化）による地域的連帯の解体と孤独感の発生は，都市社会学界において，その後長い間検討の対象となった。しかしながら，人口量・密度・異質性を都市の特性と捉え，そこから地域的連帯の解体と孤独感の発生を論じる理論枠組みは多くの批判にさらされ，現在では経済構造と人間関係に関する議論と類似したものが展開されている。

　日本で言えば，倉沢進 (1987) は都市生活の特徴（都市的生活様式）を共通問題の自家処理能力の低さ，専門的処理の多さに見出し，それが共同生活を解体したと指摘している。同様の視点から高橋勇悦 (1984) は専門機関の利用等により生活の社会化が進んだ都市では，「人間関係の省略」が発生すると述べ

ている。これらの議論は，マルクスやテンニースが展開したものとそう変わらない。

　さて，これまでみてきた議論は，その原因の捉え方や研究の報告時期において違いはあるものの，血縁や地縁といった運命共同体的な関係が縮小し，利益や合理的計算を仲立ちとした関係が増え，孤独感を抱えるようになるという見方は一致している。これを本章の表現に照らせば，「一定以上の濃密さをもつ関係」は単線的に縮小するという見方を共有している。

　しかし，その後に展開された議論や実証研究の成果は，単線的縮小の理論を支持せず，「一定以上の濃密さをもつ関係」の「質的変化」を強調している。そこで次に，質的変化論の理論枠組みが単線的縮小論の枠組みとどのように異なるのかみてゆこう。

（2）　質的変化論の展開
①　関係の選択化

　マルクスやテンニースが述べるように，近代資本主義的な生活様式の浸透は，人びとを旧来的な共同体から解き放った。それと平行して行われたセーフティネットの整備，すなわち，近代資本主義的な生活様式から漏れ出た人への救済システムの充実は，人びとから，ケアを名目とした結びつきの必要性を縮減した。今や，「一定以上の濃密さをもつ関係」は生命充足の役割構造から解き放たれ，質的変化を余儀なくされている。そのさい鍵となるのが，関係の選択化および純粋化である。

　近代資本主義的な生活様式の浸透とセーフティネットの整備によって，生活の必要性は，他者と濃密な関係を構築する条件から外されつつある。生きるために特定の誰かと"つきあわなければならない"状況は確実に縮小している。これにより，人びとの固有の関係の維持・形成に対する自由度は格段に増え，人びとの人間関係は選択化してゆく。

　関係の選択化については，希薄化への対抗言説として，若者の友人関係の議論においてたびたび展開されている。すなわち，若者の友人関係は，希薄化してきたのではなく，選択化してきたとするものである。青少年の意識や行動を

理論的・実証的に研究することを目的とした青少年研究会では，希薄化・選択化の議論の妥当性について量的調査を通じて検討している。その結果の大半は選択化言説を支持している（辻 1999，松田 2000）。

② 関係の選択化と「一定以上の濃密さをもつ関係」の質的変化
　人間関係が選択化するなか，「一定以上の濃密さをもつ関係」も質的変化を余儀なくされる。かつて，生活維持の必要性によって，その濃度を規定されてきた関係は，当事者どうしの感情や心理的重要性によって，その濃度を規定されるようになる。このような関係は，道具的必要性から解放され，「関係を結ぶ」ことそのものを関係維持の動力源とする。こうした関係をギデンズは「純粋な関係」（pure relationship）と呼び（Giddens 1991＝2005），現代社会における関係の純粋化を指摘した。
　ここに至って「一定以上の濃密さをもつ関係」の成立要件から，生活維持の必要性が脱色され，感情的な親しさが前景化してゆく。言い換えると，「一定以上の濃密さをもつ関係」の成立要件は，社会的要請（生活の維持）から個人的要請（個人の関係欲求の充足）に置き換えられてゆくのである。
　では，感情的親しさを主な成立要件とした「一定以上の濃密さをもつ関係」は，地域関係を含める人間関係全般にどういった影響を与えるだろうか。ここではごく簡単にまとめよう。
　感情的親しさを主な成立要件とした「一定以上の濃密さをもつ関係」には，当然ながら情緒性を基軸とした関係が含まれるはずだ。そのように考えると，現代社会における「一定以上の濃密さをもつ関係」の中枢は，情緒的親しさの象徴である恋愛・夫婦家族と感情的親しさを軸として成立する友人関係となるはずである。
　一方，地理的近しさを要件とする地域関係は，そこに関係を結ぶ特別な意味を見出されなければ見向きもされなくなるだろう。序章において確認した，地域のつながりへの高い期待とは裏腹に，現代社会の人間関係に関する理論から，地理的に限定された関係の活性化を読み取ることはなかなか難しい。

③ 実証研究からの検討

実証研究でも同様の知見が報告されている。なかでも，1970年代後半から80年代前半に展開され，都市社会学界に非常に大きな影響を及ぼした二つの実証研究——ウェルマンとフィッシャーの研究——は，上述の人間関係の変化を明示している。すなわち，親しい関係の地理的拡散と友人関係の優越を示しているのである。[1]

1）ウェルマンの研究

ウェルマン（Wellman 1979＝2006）は，ワースの第一次的接触の縮小仮説をパーソナル・ネットワークの手法を用いて検討した。そのさいの重要なポイントは，彼が「親しい関係」を第一次的接触と読み替えていることだ。

ワースの論文を読めば明らかなように，彼は第一次的接触を家族・親族，近隣などの伝統的関係と親密性の二側面から捉えている。たとえば，彼は以下のように述べている。「都市的生活様式の顕著な特徴は，社会学的には，第二次的接触が第一次的接触にとって代わり，親族結合が弱体化し，家族の社会的意義が減少し，近隣社会が消滅して，社会的連帯の伝統的基礎が掘り崩されることである」（Wirth 1938＝2011: 111）。この記述やワースの論文の執筆年代を考慮すれば，彼が用いた「第一次的接触」という言葉は，前近代的な共同体関係を指すとみて差し支えないだろう。

さらに彼は，「社会的連帯の伝統的基礎」の毀損とそれに代わる関係の専門分化および流動化を通じて，「個人は，親密な集団の個人的・情緒的統制からある程度解放され自由を獲得するが，他方において，自発的な自己表現，モラール，統合された社会に生活することにともなう参加の感覚を失う」（Wirth 1938＝2011: 103）とも述べている。ここからワースが息苦しさと親密さをともなう共同体関係を第一次的接触とみなしていることがわかる。

親密性と共同性の同居する伝統的集団を「第一次」と見なす考え方は，「第

---

1) 都市社会学のなかで広く受け入れられているのは，両者がシカゴ都市社会学を発展的に捉えなおしたという解釈である（赤枝 2015）。しかし，本章ではそのような視座を採用せず，両者の議論を「一定以上の濃密さをもつ関係」の質的転換を象徴するものとして解釈する。それにより，新たな人間関係論的視座を提示したい。

一次集団」という言葉を最初に使ったクーリーにも見られる。彼は第一次集団を「顔と顔をつきあわせている親しい結びつきと，協力とによって特徴づけられる集団」（Cooley 1909=1970: 24）と定義し，その「もっとも重要な分野」として「家族，子供たちの遊び仲間，近隣，もしくは大人たちの地域集団」（Cooley 1909=1970: 24）をあげている。

同様の視点は，先ほどあげたマルクスやテンニースにも見られる。ここから19世紀後半から20世紀前半の研究者・思想家が，前近代的な共同性に支えられつつも親しさを包含する関係を「一定以上の濃密さをもつ関係」とみなしていたことがわかる。もっとふみ込んでいえば，全人的な共同関係を"より親しいもの"とみなしていたのである。

翻ってウェルマンの研究を見てみると，彼は第一次的接触と集団——とくに地域社会——とを関連づける発想を批判し，当該関係を空間的に分散し，ネットワーク的に編まれたものと捉える視座（コミュニティ解放論）を提示した。そのさい用いたのが「親しさ」を基準としたパーソナル・ネットワーク・アプローチである。具体的には「もっとも親しいと感じる方」6人を，パーソナル・ネットワーク・アプローチを用いて抽出した。

ウェルマンの実証手続きを見れば，彼がワースの述べる第一次的接触から共同体的要素を取り払い，「感情的親しさ」のみに着目したことは明らかである。これを本論文の文脈に照らすと，ウェルマンの第一次的接触の操作化には，「一定以上の濃密さをもつ関係」の質的転換が透けて見えるのである。

彼は，諸個人間の感情的親しさに基礎づけられた関係の地理的付置から，第一次的接触の縮小，存続，解放について検討した。その結果，人びとの親密な関係は近隣外部に拡散しており，第一次的接触はコミュニティ解放的に再構築

---

2) ウェルマンは，厳密には「第一次的接触」ではなく「第一次的紐帯」という言葉を用いている。この変更はウェルマンの立ち位置を考える意味でも重要である。なぜなら，「第一次的接触」は家族や近隣などの中間集団との接合を表すのに対し，「第一次的紐帯」は二者間の関係のネットワーク的接合を表す言葉だからだ。つまり，ウェルマンの言葉の変更は，関係の形成軸が集団ではなく個人に推移したことを表しているのである。

3) ウェルマンは論文中において，第一次的接触の縮小，存続，解放ではなく，コミュニティ喪失，存続，解放という言葉を使っている。

されていることを発見したのである。

　この分析結果は，選択化し，親しさにより条件づけられるようになった「一定以上の濃密さをもつ関係」の特徴をよく表している。人びとが「一定以上の濃密さをもつ関係」を「親しさ」基準で選ぶようになれば，そのつながりは近隣を超えて拡散し得るのである。したがって，ウェルマンの実証研究の知見は，「一定以上の濃密さをもつつながり」が近隣社会から失われてゆく様相を明示した研究として捉え返すこともできる。

２）　フィッシャーの研究

　フィッシャー（Fischer 1982）は下位文化理論を提唱し，都市における友人関係の拡大と下位文化の誕生について研究した。彼は人口量，密度，異質性というワースの都市基準を参照し，人口量，密度，異質性の高い都市では，多様な人に出会う可能性が高く，ゆえに社会的な役割構造に埋め込まれない「友人としか言いようのない関係」（just friends）が増えると考えた。そうした人びとが都市に豊穣な文化を生み出すというのが下位文化理論の要諦である。

　フィッシャーの理論は，その後，多くの研究者に参照されたものの，どれもあまり明確に彼の仮説を支持していない。その理由についても十分検討の余地はあるが，ここでは，彼が友人の優越性を訴えた点に着目したい。というのも，その点に着目すると，彼の研究は「一定以上の濃密さをもつ関係」に，社会的な役割構造を内包しない「友人としか言いようのない関係」が進出する様相に着目した萌芽的な実証研究と位置づけられるからである。

　さきほども述べたように，近代資本主義的な生活様式の浸透とセーフティネットの整備がもたらす人間関係の選択化は，「一定以上の濃密さをもつ関係」の質的変化を促す。人間関係の選択化を通じて，社会的必要性に条件づけられてきた関係は，当事者の関係への欲求に条件づけられるようになる。これをギデンズは関係の純粋化と述べ，その典型として友人をあげている。

　ギデンズにとっての，「友人とは，ある人が関係それ自体による見返り以外によっては促されないような関係を持っている誰か，として定義される」（Giddens 1991＝2005: 100）。つまり，友人関係は，社会の必要性でなく，個々人の関係へのニーズによって維持されるのである。関係の純粋化を予見したギデ

ンズの理論は，社会的な役割構造に埋め込まれない「友人としか言いようのない関係」(just friends)の出現・増加を予見したフィッシャーの実証研究と多くの面で一致を見るのである。

そのように考えると，フィッシャーの研究は，つぎのように位置づけられる。すなわち，彼の研究は「一定以上の濃密さをもつ関係」の質的転換——社会的な役割構造から親しさなどの関係欲求への転換——を捉えた原初的研究と位置づけられるのである。

3) ウェルマンおよびフィッシャーの研究の含意

以上の検討から，1980年前後という近い時期に発表され，都市社会学を代表するほどの影響力をもった二つの実証研究は，「一定以上の濃密さをもつ関係」から地域・近隣関係が除かれ，地理的に拡散してゆく過程を実証的に示した研究と言えるのである。

ウェルマンの研究は，「一定以上の濃密さをもつ関係」の成立要件から生活維持の必要性が脱色され，感情的な親しさが前景化する様相を明らかにした。その過程で，「一定以上の濃密さをもつ関係」は地理的に拡散してゆく。一方，フィッシャーの研究は，「一定以上の濃密さをもつ関係」の成立要件が感情的な親しさに置き換えられ，社会的な役割構造に埋め込まれない「友人としか言いようのない関係」が出現・増加することを指摘した。

「一定以上の濃密さをもつ関係」から地域・近隣関係が除かれるなか，人びとはどういった近隣関係を築き，また，どのような近隣関係を望んでいるのだろうか。次節では，全国を対象に行われた調査および本プロジェクトで実施した5地区調査の結果をもとに，日本社会および郊外社会の地域関係への願望と実情を明らかにしてゆく。

3　量的調査から見る地域のつながり

(1) 日本社会における近隣関係
① 近隣関係への願望

まず，日本社会に住む人びとの近隣関係への願望を，NHK放送文化研究所

「日本人の意識調査」，内閣府「国民生活選好度調査」，内閣府「社会意識に関する世論調査」の結果から見てみよう。これらの調査は，調査対象の年齢こそ異なるものの，いずれも日本国民を対象としている。[4]

これをみると，「日本人の意識調査」（図1-1）と「国民生活選好度調査」（図1-2）では，近所づきあいについて高い期待を抱く人が年々減少しているのに対し，中間的な，いわば「ほどほどのつきあい」と「あまりつきあわない」ことを望む人が増えているのがわかる。隣近所の人との望ましいつきあい方を尋ねた「日本人の意識調査」では，濃密な「相談，助け合い」を望む人は一貫して減少し，「あいさつ程度」の軽いつきあいを望む人が増えている。「自分の住んでいる地域の人びとと交流があることは大切だ」という意見への回答を尋ねた「国民生活選好度調査」では，「全くそうである」の比率が減少し，「どちらかといえばそうである」「どちらかといえばそうではない」の比率が増えている。

一方，「社会意識に関する世論調査」（図1-3）では，地域での望ましいつきあい方について，「住民すべての間で困ったときに互いに助け合う」を選択

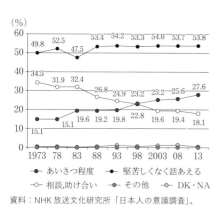

図1-1　隣近所の人との望ましいつきあい方
資料：NHK放送文化研究所「日本人の意識調査」。

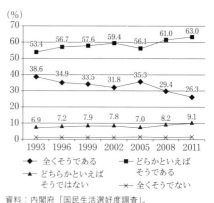

図1-2　地域交流の必要性
資料：内閣府「国民生活選好度調査」。

4) 調査対象は，「日本人の意識調査」が16歳以上，「社会意識に関する世論調査」が20歳以上（掲載図表の年度のみ）で統一されている。一方，「国民生活選好度調査」は実施年度によって20歳から60歳未満，15歳から75歳未満など対象年齢にばらつきがある。

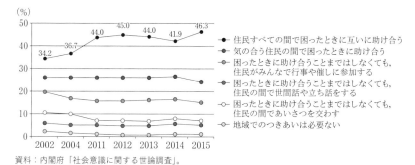

図 1 - 3　望ましい地域づきあい

する人がもっとも多く，かつ，2011 年の震災以降高止まりしていることがわかる。前二つの調査に比べて時系列的には短めなものの，この調査からは地域での互助期待が高まりつつあると言える。

しかし，三つの調査の結果から総合すると，日本に住む人びとが望む近隣関係は，多少ひいき目に見ても，「ほどほどよりもやや上」としか結論づけられない。

② 近隣関係の実情

次に，実際の近所づきあいについて，「国民生活選好度調査」「社会意識に関する世論調査」から見てみよう。「国民生活選好度調査」は，「あなたは次にあげる人とどのくらい行き来していますか」という質問の「隣近所」の項目への回答，「社会意識に関する世論調査」は「あなたは，地域でのつきあいをどの程度していますか」という質問への回答である（図 1 - 4，図 1 - 5）。

こちらについては，「国民生活選好度調査」の調査回数がやや少ないものの，共通した傾向が見られる。すなわち，地域・近隣住民との「濃密なつきあい」が減少し，「ほどほどにしかつきあわない」人，「つきあいに消極的」な人が増えているのである。

「国民生活選好度調査」の結果から，隣近所とのつきあいは 2000 年に比べ 2007 年は，「よく行き来」「ある程度行き来」「あまり行き来しない」が減少し，「ほとんど行き来しない」「あてはまる人がいない」が増えていることがわかる。

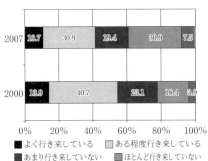
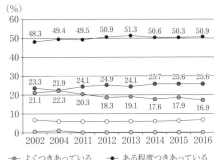

図1-4　隣近所の人とのつきあい方　　図1-5　地域交流の実際

資料：内閣府「国民生活選好度調査」。　　資料：内閣府「社会意識に関する世論調査」。

この調査の結果だけを見れば，積極的な近所づきあいは急速に衰えていると言える。「社会意識に関する世論調査」からは，地域づきあいについて，多くの人が「ほどほど」にしかしておらず，積極的につきあう人が減っていることがわかる。地域の人と「ある程度つきあっている」人は一貫して50％前後いる一方で，「よくつきあっている」人は減少傾向にある。それに対して「あまりつきあっていない」人は増加傾向にある。

ここから日本人の近隣関係への願望と実情をまとめると，彼ら／彼女らは隣近所または地域に対して，高いとは言えないまでもほどほどの交流願望を有している。しかし，調査によってはその交流願望は経年的に縮小している。その心情を反映するかのように，住民たちの実際の近所づきあいは，濃密なものから希薄なものに転じている。理論研究でもまとめたように，もはや地域・近隣が人びとの交流対象としてあがる可能性は少ない。

③　サポート源としての近隣

人びとの実際の近所づきあいおよび近所づきあいの願望が切り下げられるなか，地域関係はサポート源としてどの程度の存在感を発揮しているのだろうか。以下では，日本に住む人びとを対象に実施されたパーソナル・ネットワーク調査の結果をもとに，家族や親族，友人と比べ，地域の人がどの程度強固なサ

ポート源として認識されているのか明らかにする。

　用いるデータは内閣府「高齢者の健康に関する意識調査」,国立社会保障・人口問題研究所「生活と支え合いに関する調査」,大阪経済大学・東京大学「日本版一般社会調査（JGSS）」の結果である。[5]「高齢者の健康に関する意識調査」は「心配ごとや悩みごとができた場合,だれに話を聞いてもらったり,相談したりしますか」という質問への回答,「生活と支え合いに関する調査」は10項目について「頼れる人」を尋ねた質問への回答,「日本版一般社会調査」は「重要なことを話したり,悩みを相談する人たち」への回答である。[6]

　結論から言えば,地域および近隣の関係は,そこに住む人びとからサポート源としてほとんど認識されていない。悩みの相談相手について特定した「高齢者の健康に関する意識調査」「日本版一般社会調査」において（図1-6,図1-7）,隣近所や近隣をあげた人は3％にも満たない。相談相手は家族・親族および友人に集中している。この結果は,2節(2)②で述べた「現代社会における「一定以上の濃密さをもつ関係」の中枢は,情緒的親しさの象徴である恋愛・夫婦家族と親しさを軸として成立する友人関係となるはず」という仮説を支持している。

　サポート項目を10個に分けて特定した「生活と支え合いに関する調査」でも,近所の人をサポート源として認識している人は総じて少ない（表1-1）。10％を超えるのは「家具の移動・庭の手入れ・雪かきなどの手伝い」(10.9％)と「災害時の手助け」(32.1％)のみで,あとは総じて低調だ。しかも,災害については実体験に基づいた回答は難しそうなので,実際に3割の人が近隣に頼れるかどうかは定かではない。

---

5) 「高齢者の健康に関する意識調査」は2002年,2008年,2012年のものを使用する。調査対象はいずれも日本に住む人で,2002年のみ65歳以上を対象とし,'08年と'12年は55歳以上を対象としている。「生活と支え合いに関する調査」は2012年に実施され,20歳以上の人を対象としている。「日本版一般社会調査（JGSS）」はパーソナル・ネットワーク調査が行われた2003年のデータを用いる。調査対象は20歳から89歳の男女である。
6) 「日本版一般社会調査」は「悩みの相談相手」を4人あげてもらい,それぞれの間柄を特定している。そのため,本章では当該カテゴリーの間柄について4人のうち1人でもあげた場合,当該の間柄の関係ありとした。

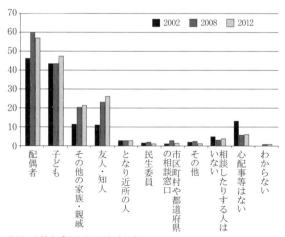

資料:内閣府「国民生活選好度調査」。
図1-6　悩みの相談相手（高齢）

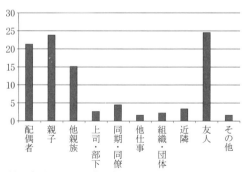

資料:「一般社会調査」（2003）。
原資料:石田（2011）。
図1-7　悩みの相談相手（20〜89歳）

　この調査でもサポート源の中心は，家族・親族および友人・知人となっている。なかでも，家族・親族のサポート力は他を圧している。日本人の多くは，家族・親族をサポート源の中心に据えつつ，「愚痴の聞き取り」や「喜びや悲しみの分かち合い」「相談」などの情緒面において，友人・知人からもサポートを得ているのである。

　三つの調査結果を総合的に見てみると，人びとのサポート源の中心は家族・

表 1-1 「頼れる人」の集計　　　　　　　　　　　　　（％）

	家族・親族	友人・知人	近所の人	職場の人	医療・福祉・教育関係の専門家	その他の人	頼れる人はいない	そのことでは人に頼らない	無回答
看護や介護，子どもの世話	80	11.9	5.5	2.2	14.3	0.8	4.1	4	9.7
健康，介護，育児に関する相談	73.6	30.5	5.9	9.5	23.4	0.9	3	3.6	10.4
家庭内でのトラブルに関する相談	53.7	30.2	2.2	6.6	2.1	3.6	4.6	13.6	12.2
就職・転職など仕事に関する相談	46.3	26.8	1.2	12.1	1.5	2.1	4.3	18.9	19.7
愚痴を聞いてくれること	66	52.1	7.1	17.1	1.1	1.7	2.5	6.2	9.6
喜びや悲しみを分かち合うこと	78.6	47.8	7.5	12.8	0.7	1.6	2	2.9	9.3
いざという時の少額のお金の援助	68	8.4	0.4	2.1	0.1	0.5	5	16.3	10.4
いざという時の高額のお金の援助	49.8	2	0.1	0.4	0.3	0.6	16.2	21.9	12.5
家具の移動・庭の手入れ・雪かきなどの手伝い	72.1	8.9	10.9	3.4	0.7	3.4	4.2	8.6	9.9
災害時の手助け	76.8	32.5	32.1	9.8	1.9	2.6	4.3	3	10.4

資料：国立社会保障・人口問題研究所「生活と支え合いに関する調査」(2012)。
原資料：国立社会保障・人口問題研究所 (2014)。

親族と友人であり，近隣はサポート関係としては認識されていない——まれに認識する人がいる程度——と言えよう。日本に住む多くの人は，近隣もしくは地域の人とはほどほどにつきあえばよいと考えており，サポートについては「一定以上の濃密さをもつ関係」である家族・親族または友人に求めるのである。

（2）　郊外社会（多摩市）における近隣関係

次に，郊外社会における近隣関係について，近隣関係への願望と実情，サポート源の順に見てゆこう。

①　近隣関係への願望と実情

5地区調査では，住民の望むつきあい方と，実際の近所づきあいについて4段階の順序尺度で尋ねている。表1-2は住民の近所づきあいへの願望と実情をまとめた結果である。住民が望むつきあい方については「あなたは近所に住んでいる人とどのようにおつきあいしたいですか」という質問文，実際の近所

表1-2 住民の望むつきあい方とつきあいの実情

つきあいの願望		つきあいの実情	
項目	%	項目	%
相談のできる親密なつきあいをしたい	3.2	お互いに訪問しあう人がいる	18.9
気軽に頼みごとのできるつきあいをしたい	41.4	立ち話をする程度の人がいる	41.3
あいさつ程度のつきあいでよい	52.6	あいさつする程度の人がいる	32.4
あまりおつきあいはしたくない	2.8	つきあいはない	7.3

づきあいについては，「あなたはふだん近所の人とどの程度のつきあいをしていますか」という質問文から特定した。

　これを見ると，郊外である多摩市の住民の近所づきあいの願望と実情も全国調査のそれと似通っていることがわかる。つきあい方の願望については，極端に積極的な願望や極端に消極的な願望は少なく，真ん中の二つの選択肢に回答が集中している。つまり，「ほどほど」の関係を望むのである。特徴的なのは，「あいさつ程度」のつきあいを望む人が多いことだ。ここから「つきあいのない事態は避けたいけれどあまり深入りもしたくない」という郊外特有の複雑な住民感情が垣間見える。

　実際のつきあい方についても，「立ち話」や「あいさつ程度」が大半を占める。深入りを避ける住民の心境を反映した結果である。その一方で，「お互いに訪問しあう」関係をもつ人も2割程度いる。ここから近隣関係については，ほんのわずかの積極層と，深入りしない程度でよいと考えている多数派によって構成されていることがわかる。

② サポート源としての近隣

1） 近隣住民のサポート力

　次に，住民が近隣からどの程度のサポートを得ているのか，ネットワーク質問から検討しよう。この調査では，「病気の時の身の回りの世話」「買い物など日常の用事」「個人的な悩みの相談」「気晴らしのおしゃべり，外出」の各項目に対して，同居家族を除く近所（徒歩，自転車で行ける範囲）の人びと何人に頼れるのか尋ねている。図1-8はサポート人数が0人～2人と答えた人の比率である。

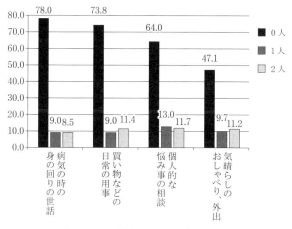

図1-8　近隣住民とのサポート関係

　この図を見ると，多摩市の住民は気晴らしのおしゃべり，外出以外では，近隣の人びとにほとんど頼らないことがわかる。病気の時の世話，買い物など日常の用事，悩み事の相談において，サポート人数0人の人は64%から78%とかなり多い。ここから，住民は生活上の用事や相談で近隣住民をアテにすることはほとんどない，と言える。これらの一連の結果は，住民は近所と"ほどほどのつきあい"しかしないとする先の結果と合致する。

　気晴らしの交流については，上述の3項目よりも0人と答える人は少ない。しかし，気晴らしの交流が活発だとは言いがたい。図1-8を見ると，気晴らしの関係がない人も全体の5割程度を占めており，約半数の住民は近隣と気晴らしのつきあいすらもたないことがわかる。ここから，近隣とのつきあいは，まさに，それを望む人がもつ"嗜好品"だと言えよう。

2）「一定以上の濃密さをもつ関係」の地理的拡散

　最後に，郊外に住む人の「一定以上の濃密さをもつ関係」は地理的にどの程度拡散しているのか確認しておこう。この調査では，先の近隣のサポート人数とは別に，「日頃親しくし，頼りにしている家族・親族，友人・知人」について距離別に人数を尋ねている。以下では，自宅から30分未満のところに住む人を「近距離」，30分以上2時間未満のところに住む人を「中距離」，2時間

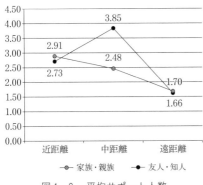
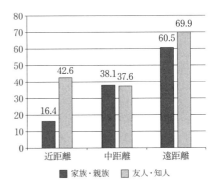

図1-9　平均サポート人数　　図1-10　親しく，頼りにする人がいない人

以上離れたところに住む人を「遠距離」として，「一定以上の濃密さをもつ関係」の布置を確認しよう。

図1-9は，日頃親しくしている家族・親族および友人・知人の平均人数を距離別にまとめたものである。これを見ると，家族・親族は近距離，友人・知人は中距離を中心にネットワークを形成していることがわかる。その傾向は，日頃親しくしている家族・親族および友人・知人のいない人の比率を距離別に見た図1-10からも読み取ることができる。

日頃親しくしている家族・親族が近距離にいない人は15%強にとどまる一方で，そういった友人・知人が近距離にいない人は42.6%とかなり多い。それが中距離になると，家族・親族38.1%，友人・知人37.6%とその差はほぼなくなり，また，家族・親族がいない人のほうが多くなる。

ここから郊外に住む人びとは，地理的に近接した場では家族・親族以外とあまりつきあわず，友人・知人関係は自宅から30分以上かかる中距離に拡散していることが明らかになった。まさに，「一定以上の濃密さをもつ関係」の地理的拡散が見られるのである。

3）住民のサポート関係

以上の知見から，郊外住民のサポート関係についてまとめてゆこう。郊外住民の近隣からのサポートの受領状況を見ると，彼ら／彼女らの多くは近隣を頼りにせずに過ごしていることが明らかになった。日常の用事や病気の時のケア，

相談を近隣に求める人は少なく，気晴らしの交流を行う人も半数程度である。また，日頃親しくし，頼りにしている家族・親族，友人・知人の布置を見ると，家族・親族は近隣に集中し，友人・知人は中距離に拡散していることが明らかになった。

　ここから郊外住民のサポート関係および「一定以上の濃密さをもつ関係」について，つぎのようにまとめることができる。多くの郊外住民にとって，地理的に近接した「一定以上の濃密さをもつ関係」は家族・親族にとどまる。「愛情」という純粋性に裏打ちされた家族・親族関係は，情緒面・道具面において，高いサポート役割を担っている。

　一方，「一定以上の濃密さをもつ関係」としての友人・知人は，地理的に拡散している。近隣の人びとは郊外の住民にとってサポート源でもないし，およそ4割の人びとは友人としても認識していない。第2節でも確認したように，「一定以上の濃密さをもつ関係」としての地縁は，互助関係，親密な関係のいずれの面においても劣化している。関係の選択化・純粋化が進んだ時代において，純粋性に裏打ちされた「一定以上の濃密さをもつ関係」は，住居をともにし地理的近接性も確保された家族・親族と，距離は離れても情緒的にはつながっている友人・知人とに棲み分けられているのである。したがって，そこに地縁が入る余地は少ない。

4　現代社会の近隣関係

　本章では地域社会の人間関係についての基礎的事実を確認するため，まず，「一定以上の濃密さをもつ関係」を論じた言説および実証研究についてまとめ，次に，全国調査，5地区調査の順に地域および近隣関係の実情について確認した。そこから浮かび上がったのは，地域のつながりは，もはやそれを欲する人のみが保有する嗜好品と化している事実であった。

　人びとが生命に対する要求を，人間関係を通じて処理していた時代，「一定以上の濃密さをもつ関係」は，閉鎖的共同体のなかに深く埋め込まれていた。こうしたなか，血縁，地縁は濃密な関係の代表と捉えられてきた。

しかし，資本主義的生活様式の浸透とそこからの漏れを保護するセーフティネットの整備は，生命に対する要求と人間関係との結びつきを弛緩させた。それに付随して，必要性から"結びつかねばならない関係"は縮小し，自らの意思に応じて"結合を選択できる関係"が拡大した。関係の選択化である。
　関係の選択化は「一定以上の濃密さをもつ関係」に質的変化をもたらす。生活の必要性によって重みづけられていた「一定以上の濃密さをもつ関係」は，必要性の比重を減らし，空いた部分を諸個人の関係そのものへの欲求で補った。かくして，「一定以上の濃密さをもつ関係」は，欲得抜きで相手とつながりたい欲求に裏付けられ純粋化した。純粋化した「一定以上の濃密さをもつ関係」には，もはや地域・近隣のつながりが入る余地は少なく，純粋性を下支えする愛情・親密性に裏付けられた家族・親族とのつながりや友人とのつながりが広がっていった。
　全国調査，5地区調査でもまさに同様の傾向が確認された。人びとは近所の人とつきあいたくないとは思わないまでも，あまり深くつきあいたいとは思っていない。実際のつきあい方も，「あまり行き来しない」「あまりつきあわない」「立ち話程度」「あいさつ程度」の淡泊なものにとどまる。
　近隣の人びとが情緒的サポートおよび道具的サポートの源として認識されるケースは少なく，それらのサポートの中心には家族・親族と友人が占めていた。とくに家族・親族のサポート力は強く，多くの調査で2番手を占める友人とも一線を画している。家族・親族が「愚痴を聞く」「喜びや悲しみを分かち合う」など情緒的なもの，「日常の手伝い」「資金援助」など道具的なものを問わず高いサポート力を発揮するのに対し，友人・知人の機能は「愚痴を聞く」「喜びや悲しみを分かち合う」など情緒的なものが中心となる（表1-1）。また，5地区調査から友人関係は，行為者の住まいから中距離の位置に拡散していることも明らかになった。
　以上の知見から，日本に住む人びとおよび郊外に住む人びとにとって，「一定以上の濃密さをもつ関係」は，同居あるいは近場に住み全人的なサポートを提供してくれる家族・親族関係と，その外縁にあり，気張らしや感情の共有を軸に成り立つ友人・知人関係によって構成されていると言えよう[7]。したがって，

そこに地域や近隣の文字を見出すことは難しい。

　序章で述べたように，高齢化の進展，財政の逼迫により地域に対する期待は年々高まっている。地域福祉の確立は，財力が目減りするなか高齢化を迎える日本社会では必須の課題である。にもかかわらず，私たちの「濃密な関係」のなかに地域や近隣は入ってこない。これが量的データで鳥瞰的にあぶり出された地域の実情である。以降の章では，地域関係の「分断」がどのような問題を生み出し，また，いったん「分断」したつながりを「再編」するにはどのような方策が考えられるのか検討してゆく。

参照文献

赤枝尚樹，2015，『現代日本における都市メカニズム――都市の計量社会学』ミネルヴァ書房．

Cooley, Charles H., 1909, *Social Organization: a Study of the Larger Mind*, New York: Charles Scribner's Sons.（= 1970，大橋幸・菊池美代志訳『社会組織論』青木書店．）

Giddens, Anthony, 1991, *Modernity and Self-Identity: Self and Society in the Modern Age*, Cambridge: Polity Press.（= 2005，秋吉美都・安藤太郎・筒井淳也訳『モダニティと自己アイデンティティ――後期近代における自己と社会』ハーベスト社．）

Fischer, Claude S., 1982, *To Dwell among Friends: Personal Networks in Town and City*, Chicago: The University of Chicago Press.

石田光規，2011，『孤立の社会学――無縁社会の処方箋』勁草書房．

国立社会保障・人口問題研究所，2014，『2012年社会保障・人口問題基本調査　生活と支

7）ここから郊外と日本社会との連続性を読み取ることもできる。周知のように日本社会における都市居住者比率は他国に比べて高い。人口動態調査によると，2014年1月1日時点での三大都市圏居住者比率は50.93％にもおよぶ。日本社会に住む人びとの多くが郊外または都市住民であるならば，当然ながら鳥瞰的なデータにはそれが反映される。それゆえ，日本社会を対象としたデータと郊外を対象としたデータの分析結果は類似するのである。この点に鑑みると，本研究の郊外社会のデータは，日本社会の多くの地域の実情を反映しているとも考えられる。したがって，以降の章で展開される分析は，日本社会のさまざまな地域で応用可能である。

え合いに関する調査報告書』.

倉沢進, 1987,「都市的生活様式論序説」鈴木広・倉沢進・秋元律郎編著『都市化の社会学理論——シカゴ学派からの展開』ミネルヴァ書房, 293-308.

Marx, Karl, und Friedrich Engels, 1848, *Das Kommunistische Manifest*.（＝ 1951, 大内兵衛・向坂逸郎訳『共産党宣言』岩波文庫.）

松田美佐, 2000,「若者の友人関係と携帯電話利用——関係希薄化論から選択的関係論へ」『社会情報学研究』4：111-122.

高橋勇悦, 1984,『都市化社会の生活様式——新しい人間関係を求めて』学文社.

Tönnies, Ferdinand, 1887, *Gemeinschaft und Gesellschaft*, Darmstadt: Wissenschaftliche Buchgesellshaft.（＝ 1973, 杉之原寿一訳『ゲマインシャフトとゲゼルシャフト　上・下——純粋社会学の基本概念』岩波文庫.）

辻大介, 1999,「若者のコミュニケーションの変容と新しいメディア」橋元良明・船津衛編『子ども・青少年とコミュニケーション』北樹出版, 11-27.

Wellman, Barry, 1979, "The Community Question: The Intimate Networks of East Yorkers" *American Journal of Sociology* 84(5): 1201-1231.（＝ 2006, 野沢慎司・立山徳子訳「コミュニティ問題——イーストヨーク住民の親密なネットワーク」野沢慎司編・監訳,『リーディングスネットワーク論——家族・コミュニティ・社会関係資本』勁草書房, 159-200.）

Wirth, Louis, 1938, "Urbanism as a Way of Life" *American Journal of Sociology* 44: 1-24.（＝ 2011, 松本康訳「生活様式としてのアーバニズム」松本康編『都市社会学セレクションⅠ　近代アーバニズム』日本評論社, 89-115.）

第2章

住宅階層問題の変容と都営団地の持続可能性
―― 住宅の市場化／セーフティネット化の歪み

林　浩一郎

1　ニュータウンの住宅階層と地域社会の変容

（1）　新自由主義的改革と住宅階層問題の新局面

　戦後住宅政策の象徴とも言える多摩ニュータウン開発が始まり，半世紀がたった。ニュータウンという社会空間は，それを取り巻く政治経済情勢に常に左右され，変容してきた。高度成長期，未曽有の住宅難のなか，中央政府・東京都はニュータウン開発を立ち上げ，地元自治体や地域社会に強力に介入していった。しかし，オイルショック以降の財政難のなか，1980年代のいわゆる「新自由主義」という一連の政策の流れは，多摩ニュータウンの空間と社会を大きく揺さぶった。新自由主義とは，政府による個人や市場への介入は最低限とし，公的な規制や社会サービスの提供を撤廃・縮小していくという政策潮流である（仁平2017）。住宅政策でいえば，戦後，政府が大量に供給してきた公的住宅を「市場化」していく流れである。

　このような新自由主義的な改革は，多摩ニュータウンという社会空間にどのような変化をもたらしたか。本章では，都営住宅が密集する愛宕地区に焦点を当てる。なぜなら，この地区は新自由主義的な住宅政策改革（市場化）の歪みが局所的に現れているからだ。

　多摩ニュータウンは，住区ごとに入居年次，住宅階層が異なり，明確にゾーニングされている（図2-1）。愛宕地区（多摩ニュータウン17住区）は，比較的貧しい層が集住している都営住宅が集中していることもあり，高齢化に歯止めがかからない状態である。図2-2のように，入居時期が早い住区のなか

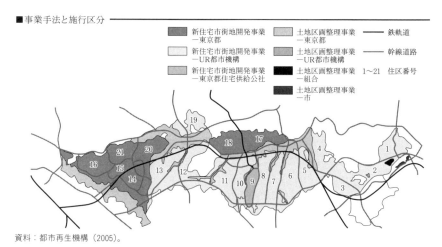

資料：都市再生機構（2005）。

図2-1　多摩ニュータウンのゾーニング

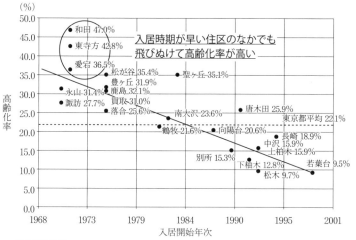

・2015年10月1日時点
・東京都平均は、2015年1月1日時点（東京都総務局統計資料「住民基本台帳による東京都の世帯と人口」より）

資料：東京都都市整備局（2015）（http://www.toshiseibi.metro.tokyo.jp/bosai/tama/toukei.html）を基に作成。

図2-2　多摩ニュータウンの入居開始年次と高齢化の関係

でも，愛宕・和田・東寺方は，飛びぬけて高齢化率が高い。

　本章では，愛宕地区住民への調査から，住宅階層問題と地域社会の分断，そ

れらにともなう地域社会の持続可能性を検討する。そこでは，住宅階層問題の緩衝材となっていた「交流組織」の弱体化と新自由主義的改革による住宅階層問題の新局面が明らかになる。

（2） 住宅階層問題とは

戦後住宅政策は，住宅金融公庫住宅，公団・公社の分譲・賃貸住宅，公営住宅といった階層構造をなしてきた。「住宅階層問題」とは，「地域社会において，ある種別や区域の住宅に住む集団と，ほかの種別や区域の住宅に住む集団とのあいだで，社会経済的な格差や異質性が顕在化し，差別や紛争の原因となっていく」（竹中 1998）ことを言う。つまり，「住宅」が目印となり，階層意識の違いや階層間の差別が顕在化する現象である。

> 子どもの会話を聞いていると，ポンポンと「ブンジョウノコ」とか「トエイノコ」といったコトバが平気でとび出すんですね。そのコトバが何ら意識されずに出てくるのなら，まあ仕方がないとは思います。だけど，そうじゃなくて，たしかに蔑視ないし羨望の意味がこめられている。だから，親たちが無意識に使っている「トエイ」とか「ブンジョウ」といったコトバのニュアンスを子どもなりに受けとめてしまっているんですね。それが子ども同士の違和感となってしまうのです。（岡 1974）

このように，「都市のなかでは，なんら目立たずにいた階層差を，同じような所得の人だけピック・アップして，ニュータウンの一定の場所で培養するような結果」（岡 1974）となったのである。つまり，ニュータウンには住宅階層間の「壁」が存在する。本章では，多摩ニュータウンのなかで，住宅階層問題が顕著な愛宕地区（1972年入居開始）に着目していく。

（3） 研究対象──17住区愛宕地区

17住区愛宕地区は，開発初期の1972年に街びらきされている。そこには二つの特徴がある。第1に，住宅の供給量の充足を重視したため，内階段でエレ

資料：著者撮影。

写真2-1　愛宕地区　公社賃貸住宅

資料：著者撮影。

写真2-2　都営住宅

資料：ゼンリン住宅地図を基に作成。許諾番号：Z17DB第565号。

図2-3　愛宕団地価格分布（1972年入居当時）

ベーターなし。充分な居住面積をもたない箱形の賃貸団地となっている。第2に，全21住区の中で，唯一，東京都が主体となって開発しており，大半を都営団地が占める。公営住宅である都営団地には，所得制限が設けられているため，相対的に貧困層が集中し，住宅階層問題が顕著に産み出された。すなわち，愛宕地区は「団地問題」と「階層問題」の二重の問題が生じているのだ（石田2015）。

　団地の配置を見ると，図2-3のように，丘陵の頂上・南面に東京都住宅供給公社の分譲住宅が配置され，都営住宅は北側へと「押しやられ」た形になっ

表 2-1　各地区の階層差

	関戸 (218)	乞田・貝取 (180)	桜ヶ丘 (256)	愛宕 (199)	鶴牧 (233)	全体 (1086)	統計値	
平均年齢	53.4歳	51.3歳	57.4歳	62.3歳	57.1歳	56.4歳	20.212	***
短大以上卒業者の比率	71.10%	66.70%	81.50%	39.10%	79.70%	68.70%	113.614	***
世帯収入平均値	700.9万	662.7万	817.9万	457.9万	717.1万	680.5万	21.432	***
自治会参加経験あり=1	32.26%	30.17%	50.59%	61.31%	60.52%	47.6%	73.762	***
老人会参加経験あり=1	23.50%	31.80%	27.80%	35.20%	28.30%	29.10%	7.774	
祭り参加経験あり=1	38.2%	53.6%	56.5%	57.3%	57.1%	52.6%	23.165	***
定住希望の比率	86.70%	86.50%	86.30%	88.80%	91.20%	87.90%	3.754	

***P＜.001

注：統計値については，年齢・世帯収入はF値，その他はχ^2値を算出した。

ている（岡1974）。1972年の入居当初，公社分譲の価格は479万円・558万円であったが，都営住宅の家賃は月2万円台とかなり安価であることが分かる。この地区には，「都営」と「分譲」という明確な階級線が引かれているのである。

　われわれの5地区調査では，愛宕地区の居住者の特徴は，平均年齢が62.3歳と最高位である。短大以上の卒業者の比率は，39.1％と学歴は最下位。世帯収入の平均も457.9万円と最下位であった。一方で，自治会・老人会・祭りなどの集団参加経験がある割合は，最高位となっていることが特徴的である（表2-1）。住民構成は相対的に低階層であり，連帯は強い地区である。

（4）　愛宕地区住民の語りから──研究課題とアプローチ

　このような愛宕地区を対象に，多摩ニュータウンの住宅階層問題は，いかなる帰結を迎えているか，を考察していく。そのために，愛宕地区に居住してきた2人の人物に着目する。1人目は，都営住宅のA氏（都営住宅の自治会副会

長）。2人目は，公社分譲住宅のB氏（都営住宅の初代自治会長）である。

都営住宅・A氏は，1948年，東京都稲城市生まれ。1971年，大手家電メーカーに入社しており，技術的な営業職であった。現在は退社されている。住まいは，稲城市（アパート）→国立市（アパート）→三鷹市（都営住宅）→小金井市（アパート）→愛宕（都営団地，1981年〜）と移り住んだ。「安月給サラリーマンだから，家賃の安いところ」というのが本音であるという。家族は，配偶者，長男（34歳別居），次男（30歳別居）である。現在，A氏は，都営住宅の自治会副会長を務めている。

公社分譲住宅・B氏は，1943年，沖縄県国頭郡伊江村生まれ。「日本国憲法のもとで暮らしたい」と高校卒業を機に本土に出た。1962年，大手メーカーの工場に勤務した。1964年，沖縄返還運動に参加，共産党に入党する。1972年，和田3丁目（都営）に入居する。B氏は，都営住宅の初代の自治会長を務めた。その後，愛宕2丁目（公社分譲）へ転居する。1975年に共産党市議となり，会社を辞職されている。ご家族は，配偶者と子ども3人であり，未婚子（40歳）が同居されている。

2 都営団地はなぜ高齢化するのか

図2-4ように，都内全体の高齢化率に比べ，都営住宅居住者の高齢化は著しい。とくに単身世帯の約8割が65歳以上の高齢者である。近年，この傾向は顕著になっている。

それにしても，公営住宅が集中する愛宕地区は，なぜこれほどまで急速に高齢化したのだろうか。第1に，よく言われることであるが，ニュータウンには同世代の勤労者が大量流入した。あれから40年，彼ら／彼女らが年老い，一挙に高齢化したのである。第2に，とくに，公営住宅は低家賃であるがゆえに，転居が少ないことも要因である。第3には，初期型団地は間取りが狭い。子どもが増えたら，引っ越さざるを得ない。それゆえ，子ども世代は流出していく。第4に，所得制限によっても，子ども世代が流出していく。公営住宅の入居には，世帯所得が基準以下であることが必要である。働いている子どもが同居し

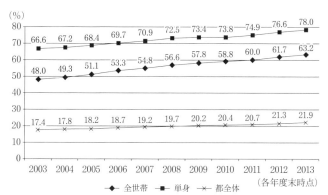

図 2-4　都営住宅における高齢化率の推移

ていると上限を越えてしまい，在住資格がなくなる。よって，子どもは団地を出ざるを得ない。これらの複合的な要因によって，公営団地は次世代に再生産できず，高齢化に歯止めがかからない状態に陥っている。「後は，残った老人が死んでいくだけ」（A氏）の状況にあるのだ。

3　愛宕地区の交流組織の盛衰と地域の分断

（1）隣接地区との分断

こうした状況のなか，多摩ニュータウンの住宅階層問題は，いかなる帰結を辿ったのか。愛宕地区は，南に面した既存地区である「乞田・貝取」とは，ほとんどつながりはない。「団地は団地。既存は既存。連携はない」のである（B氏）。北に隣接する「桜ヶ丘」は，高級住宅地である。桜ヶ丘に住むのは会社社長・重役，医者，作家などであり，「ブルジョアさんは，都営の子とは遊ばせない」（A氏）。「向こうが相手にしない」のだという（B氏）。このように，愛宕は他住区との交流は乏しく，分断されている。

（2）地区内の分断とあたご連協──住宅階層問題を緩和する機能

それでは，地区内の交流はどうだろうか。A氏によれば，「（都営と）公社分

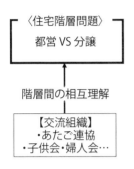

図 2-5　住宅階層問題の構図①

譲とは，階層の違いから，『お仲間意識』は無く，今日まで分断された状態」（A氏）にあるという。すなわち，「都営／分譲」の分断である。

このような地区内の分断が，端的に表れているのが，「あたご地区自治連合協議会（あたご連協）」という自治組織のつながりである。あたご連協は，愛宕地区を包括した自治組織である。愛宕2丁目（公社分譲），愛宕3丁目（都営）・4丁目（都営），東寺方3丁目（都営）・和田3丁目（都営），愛宕分譲地（戸建て48世帯）の自治会，2,084世帯が加盟している。年会費は1世帯あたり400円。結成は街びらき直後1972年夏，結成当初から盆踊り大会を開催し，73年から運動会も開催している。2016年で45回目となる。

では，あたご連協は，どのような機能をもっているのだろうか（図2-5）。第一義的には愛宕地区の交流・親睦組織である。だが，これは「住宅階層」を越えて地域の連帯を促す組織だといえる。つまり，愛宕地区における階層間の相互理解を促し，住宅階層問題を緩和するための交流組織として，これまで機能してきたのである。

（3）　あたご連協の弱体化

しかし，ここ数年で比較的裕福な公社分譲から「あたご連協を離脱したい」との声が強くなった。「面倒くさい」「煩わしい」「加盟するメリットはあるのか？」「何をしてくれるのか？」「交流と親睦だけなら必要ないのでは？」という意見である。「役職に当たるのが嫌だ」「高齢化している」「働いている」「もう世代交代だ」。「公社分譲は『自治会』ではなく，『（マンションの維持）管理組合』なんだ」（自治会までやる必要がない）という意見が上がってくる。そこには「もう分離して，自分たちだけの世界にしたい」という分譲住民の考えが見え隠れしていると都営住宅のA氏は言う。

A氏曰く，「（愛宕団地は）あまりにも高齢化しすぎた。それを離脱の理由に

してしまっている」のだと。公社分譲のＢ氏も言う。「運動会をやるのに，子どもがいて，孫たちがいればさ，運動会を見に行こうってなるけど。自分だけなら，行かないじゃない。だから，そこに関わらなくていいと，一部の人にはあるわけよ」。愛宕地区の住民は高齢化し，それにともない，あたご連協への「参加利益」がなくなった，と感じる住民が増えてきているのだろう。こうして，交流・親睦組織としての「あたご連協」は弱体化してきている。

（４）「公助」頼みの分譲住民

公社分譲住民でも，Ｂ氏は連協離脱には慎重である。「(連協は) なくちゃまずい。東北の震災だって，自治会があったり，連絡組織があるところは早くさ，協力してさ，立ち上げてやっているわけよ」。「役所は，いざという時には，できないわけだから。そういうのは，なくしちゃいけないよ，と私は言っているんだけど。自分さえよければいいんだ，という人もいるからね。要するに，個人主義というか，利己主義というかね」。

都営Ａ氏も言う。「発災時，発災後，（愛宕）２丁目（管理組合）だけで，単独でやろうったって無理」。「自分の管理組合だけでは，どうしようもない」。しかし，分譲住民からは「市役所に頼めば，なんとかなるでしょう」と言われる。「今，何とかなっていれば，今起きなければいい。食い物も，市に言えばなんとかなるんだ」と言う住民までいる。公助頼みなのである。

「10年前までは，このようなことは無かった」のであり，「明らかに協調（共助）の精神が薄れてきている」。「自分たちも愛宕地区ならびに連合組織の一員なのだ，という意識が低下している」のだとＡ氏は苛立ちを隠さない。「連協」は，住宅階層を越え，その溝を埋める組織だった。階層間に問題があったとしても，それを補完していたのであった。しかし，「連協」の弱体化によって，再び「住宅階層問題」が顕在化してきているのだ。

（５）孤独死問題

その一方で，福祉の問題は愛宕地区に深刻な影を落とし始めている。「愛宕第４ブロック自治会」（394世帯）では，１年間で亡くなる方が６名以上。多

い年は 11 名が亡くなり，その大半は，高齢者の孤独死である。A氏は言う。「孤独死は防ぎようがない。民生委員が行ったって，『うちは大丈夫ですよ。必要ありません』って言われたら，それ以上どうしようもない」。孤独死する人は，老人会に入っていない。そもそも人との関わりを持つのが嫌いな方が多い。「いくら言っても，効果は無く，改善策がない」状況である。しかし，自治会・管理組合など各団体内の連携体制が確立されていれば，孤独死が防げる可能性はある（A氏）。

さらに，「老人会」にも大きな変化が起きている。公社分譲（2丁目）管理組合が，老人会への補助金を停止したのである。A氏は「高齢社会で補助金を切るなんて，とんでもないことですよ。そういうことをやる管理組合なんですよ」と憤る。公社分譲のB氏によると，老人会への資金を停止した理事メンバーの理屈は「『クラブに入る人は，特定の人だ。老人クラブだけに金出すのは，不公平じゃないか。老人クラブに，金出すんだったら，『入ってない人』にも金を出すべきだ」というものだという。「選択と集中」の心性は管理組合の運営にも浸透してきている。

4　住宅の市場化／セーフティネット化の行方

（1）　都営住宅のセーフティネット化

これまで，愛宕地区における都営住宅と公社分譲住宅との分断を見てきた。それは，地域社会において，異なる種別・区域の住宅に住む集団間で，社会経済的な格差や異質性が顕在化し，差別や紛争の原因となる「住宅階層問題」（竹中 1998）だと言える。多摩ニュータウン入居初期から，都営・賃貸・分譲住宅の間に住宅階層問題が顕在化していた[1]（東京都南多摩新都市開発本部 1974）。「ブルジョアさんは，都営の子とは遊ばせない」のであり，「（都営と）公社分譲とは，階層の違いから，『お仲間意識』は無く，今日まで分断された状態」（A氏）にあった。「住宅形式の多様化・複合化は，プランナーや社会学者の意図とは逆に，社会的混合をもたらすどころか，社会階層間の区別と格差，そして差別をよりいっそう顕在化させていくことになったのである」（竹中 1998）。そ

れでも，1970年代，80年代には，「あたご連協」などの交流・親睦組織を通じて，地区内の階層間の相互理解も促されてきた。その点でも，「あたご連協」は極めて重要なアソシエーションであった。しかし，その連帯も次第に弱体化し，愛宕地区には新たな差別や紛争が現れ始めている。

では，なぜこのような新たな「分断」が起きているのだろうか。表面的には，地区の少子高齢化が要因であるが，それだけではない。新自由主義的な住宅政策改革のなかで改正された「公営住宅法」が，住宅階層問題を深化させているのだ。新自由主義とは，政府による個人や市場への介入は最低限とし，公的な規制や社会サービスの提供の撤廃・縮小を求める政治思想である（仁平 2017）。

この新自由主義改革は，公営住宅政策に一つの歪みを生んだ。すなわち，「政府は1990年代半ばから新自由主義の方向性を打ち出し，住宅システムの市場化を進めると同時に，住まいのセーフティネットを形成する政策に着手した」。そのセーフティネットの核が，愛宕団地のような公営住宅である。「住宅供給・消費の市場化を推し進め，これをセーフティネットが補完するという組み立てが新たな住宅政策を特徴づけている」のだ（平山 2009）。

具体的には1996年の公営住宅法改正が，公営住宅への入居条件を「単身高齢者」「母子家庭」とカテゴリー化していった。「残余化した公営住宅は，福祉関連の『カテゴリー』に合致する住宅困窮者を選び，入居させる傾向を強めた。『高齢』『障害』『母子』などの表徴を目印として『救済に値する』を定義する手法が『カテゴリー』化である」（平山 2009）。

これにより，「高齢者の比率が高い団地では，環境の維持・管理が容易ではなく，共用空間の清掃さえ困難になっている」。「母子世帯が多い団地とその地域では，保育所と雇用が不足したままである。自治会などのコミュニティ組織

---

1)「さまざま階層の人たちが住むという意味では，都営，公社賃貸・分譲，公団賃貸・分譲など各建設主体別の住宅が供給されることは歓迎すべきことである。だが，現実には，団地におけるこのような階層別住棟の建設は，都市のなかでは判然としないかたちで存在している階層差を，標本抽出するかたちで，建物の形態にも差をつけながら，純粋培養する結果になっている。……住棟別に階層差をつけられた，しかも閉鎖的な団地社会のなかで育まれる差別された児童の感覚を知るなら，このことは早急に改善されなければならない課題なのである」（東京都南多摩新都市開発本部 1974: 169）。

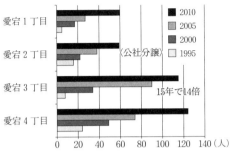

図2-6　高齢単身者数（65歳以上）

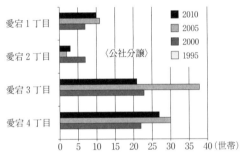

図2-7　母子世帯数（1995年は未集計）

が適切に機能しない団地が増えている」。それゆえ，「入居者の『カテゴリー』化によってコミュニティ・バランスの維持が難しくなっている」（平山2009）。

　じっさい，都営住宅のA氏によると，20年前くらいから，単身高齢者が増えてきたという。「都は，高齢者と母子家庭を送りこんでくるだけ」（A氏）なのだ。1995年〜2010年の高齢単身者と母子世帯の数値を見てみよう（図2-6，図2-7）。「高齢単身世帯」とは「東京都内に3年以上居住している単身者……で60歳以上の方」（「都営住宅の入居資格」）である。国勢調査において，「母子世帯」とは，「核家族世帯」に含まれる「女親と子どもから成る世帯」のうち，未婚，死別又は離別の女親と未婚の20歳未満の子どものみから成る世帯」（2010年国勢調査）である。図2-6のように，都営住宅である愛宕1・3・4丁目の「単身高齢者世帯数」が急増していることが分かる。とくに，愛宕3丁目は15年間で14倍に増えている。「母子世帯数」は，公社分譲では微

資料：著者撮影。

写真2-3　老朽化する都営住宅

増であるが，都営住宅は2005年に急増している。

（2）コミュニティ・バランスの揺らぎと連帯組織の機能不全

　入居者のカテゴリー化による「コミュニティ・バランス」のゆらぎは，自治会，あたご連協といった連帯組織の機能を阻害する。都営住宅のA氏は，入居者から「自治会の役員になるなんか，とんでもない」と言われることも多くなったという。さらには「自治会は任意団体だから，おれは入らねぇ」と言われる。A氏は言う。「玄関でたらみんな共用場所なんですよ。だから，許されません。『もし払わなかったら，裁判にかけますよ』と脅かします。だって，自主管理だもん。電気代とか共用水道，街路灯，集会場の維持管理費。住民の義務，自主管理。だからだめですよと。うちは，そういうの絶対許しませんから」（A氏）。一方で，年金暮らし家庭や母子家庭にとっては，地域活動よりも賃労働を優先させるのは当然ともいえる（石田 2015）。

　地区内の連帯については，さきに第3節の事例でも見たとおり，公社分譲の住民の撤退姿勢が鮮明になりつつある。かつて，新しいまちを切り開くパートナーだった都営住宅の住民は，「コミュニティ・バランス」の揺らぎとともに「重荷」となりつつある。あたご連協には，もはや，それらを架橋する力は

残っていない。1996年の公営住宅法改正による都営住宅のセーフティネット化は，新たな階層間対立の種を生み出したのである。

5 おわりに——新自由主義下における新たな住宅階層問題の行方

　ここまでの議論をまとめておこう。多摩ニュータウンの住宅階層問題は，いかなる帰結をたどったのか。愛宕地区の「コミュニティ」弱体化の背景には，住民たちが口にする「高齢化したから」という理由以上のものがある。すなわち，国家介入型の住宅政策の終焉であり，新自由主義的な住宅市場化政策への転換（それにともなう，公営住宅法の改正）である。愛宕地区の公営住宅は，新自由主義的な住宅市場化政策から零れ落ちる貧困層の受け皿となった。これにより，愛宕地区の住宅階層問題は，「都営／分譲」という第一局面に加え，2000年代以降，単身高齢者，母子家庭，障害者などの新たな「住宅困窮者」の大量入居により，第2の局面を迎えたと言える（図2-8）。

　都営住宅の自治会長層が「コミュニティ」を求めて躍起になったとしても，抗いようのない都営住宅の「残余化」の流れと「コミュニティ・バランス」の崩壊は，今後も続くだろう。これらの変化は，都営住宅の住民を「重荷」へとラベルづけさせやすく，新たな対立の火種となる。相対的に貧困層が集積する愛宕地区にとっては，厳しい状況が続く。

　もし都営住宅の自治会長層が望むように，つながりをつくる「コミュニティ」や階層問題を緩和させる「交流組織」を活性化させるならば，「住民の力」ではもはや不可能であり，「公助」が求められる（自治会長の思いとは裏腹だが）。なぜなら，第2の住宅階層問題を持ち込んだのは，住宅供給主体である東京都であり，市場化政策に舵を切った国だからだ。

　本章で見てきた新たな住宅階層問題は，新自由主義的な住宅市場化政策の裏側にある，公営住宅団地のセーフティネット化によるものだ。このセーフティネット化による住宅階層間の対立は，けっして「愛宕地区」だけの問題ではない。多摩ニュータウン全体，いや新自由主義化する日本の住宅政策全般の問題として，広く捉える必要がある。たしかに「公助」には限界がある。ならば，

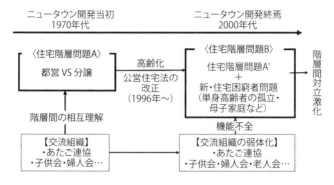

図 2-8　住宅階層問題の構図②

　新自由主義的な住宅政策改革の流れのなかで，公営団地にも民間企業を参入させる制度改革が必要である。それが公的セクターの一つの役割ではないだろうか。第9章で見るように，官民が連携したエリアマネジメント，もしくはエリアリノベーションに，この住宅階層問題を解く鍵がある。

参照文献

平山洋介，2005，「公営住宅制度の変容とその意味」『都市問題研究』57(4)：71-84．

―――，2009，『住宅政策のどこが問題か――〈持家社会〉の次を展望する』光文社新書．

石田光規，2015，『つながりづくりの隘路――地域社会は再生するのか』勁草書房．

仁平典宏，2017，「政治変容――新自由主義と市民社会」坂本治也編『市民社会論』法律文化社，158-177．

岡巧，1974，『これぞ人間試験場である――多摩新市私論』たいまつ社．

竹中英紀，1990，「ニュータウンの住宅階層問題」倉沢進編『大都市の共同生活』日本評論社，103-130．

―――，1998，「ニュータウンにおける住宅階層問題の構造」『都市の社会的世界』倉沢進先生退官記念論集刊行会，247-265．

都市再生機構，2005，『TAMA NEW TOWN SINCE 1965』多摩事業本部．

東京都南多摩新都市開発本部，1974，『多摩ニュータウン居住者の住生活と意識に関する調査報告書』東京都南多摩新都市開発本部．

第3章 地区内・地区間の社会階層の格差と生活満足度

脇田　彩

1　人びとの幸福と地区の社会階層

　本章の目的は，居住地における地区の社会階層と生活満足度の関連を量的調査データによって分析することを通して，居住地において地区間の階層格差が明確であることが，地区内・地区間のつながりに影響する可能性を探ることである。まず，本章の問題関心を明らかにするために，生活満足度と地区の社会階層が住民に与える影響を取り上げる意義についてそれぞれ論じ，本章の構成を示す。

（1）　主観的幸福と生活満足度

　生活満足度は，主観的幸福の尺度の一つであると考えられている。主観的幸福は，生活満足度のほか，幸福度などによっても測定されている。OECDによれば，主観的幸福にはいくつかの側面があるが，生活満足度はこのうち「生活評価」，すなわち「ある人の生活またはその特定側面に対する自己評価を把握するもの」（OECD 2013=2015, 49）を測定している。具体的には，生活全般にどのくらい満足しているかを尋ねる質問項目によって，生活満足度は測定されることが多い。生活満足度を含む主観的幸福の研究は，どのような状況で人びとが幸福を感じているのかを分析することで，どのような社会や個人の状況が人びとにとって望ましいと言えるのか探究してきたと言えるだろう。

　本章では，郊外である調査対象地内における，人びとの生活満足度に対する地区の影響を分析する。序章で紹介されている通り，郊外の地区は宅地開発の

類型によって特徴づけられており，とりわけ調査対象地では地区の特徴が明確である。本章は，宅地開発によってこのように郊外が異なる地区に截然と区分されていることが，いかに各地区の住民にとって望ましい，あるいは望ましくない状況を作り出しているかを示すことになる。調査対象地に顕著な地区の特徴として，本章はとくに社会階層を取り上げる。

（2） 地区の社会階層の影響

社会階層とは，富・威信などの社会的資源の配分による階層であるが（原1981），実質的には，教育・職業・所得といった人びとの社会的地位の分布の状況として扱われてきた。近年の「格差社会論」において，社会階層の格差の拡大は不平等や社会の分断を招くものとして注目を集めている。「格差社会」というとき，たいていは個人間の社会階層の格差が問題とされるが，本章が着目するのは地区の社会階層の影響，換言すれば地区間の社会階層の格差が明確であることの影響である。

地域の社会階層がその地域の住民の生活様式やパーソナリティに影響するという考え方は古くからあり，ガンズら「構成理論」（Fischer 1976＝1996: 51）を展開した論者は都市度よりも階級と生活周期段階が人びとの生活様式に影響を与えることを強調し，地域の人口構成の効果にも目を向けていた（Gans 1962＝2006 など）。制度や政策によって計画的に配置された地区の社会階層の影響については，レックスとムーア以来の住宅階層（housing class）の研究により検討されてきた（Rex and Moore 1967）。日本においても，とくに計画開発により階層別住宅供給が行われたニュータウンにおける住宅階層が指摘されている（竹中 1998, 2002）。顕著な住宅階層は，「地域社会において，ある種別や区域の住宅に住む集団と，ほかの種別や区域の住宅に住む集団とのあいだで，社会経済的な格差や異質性が顕在化し，差別や紛争の原因となっていく」住宅階層問題を引き起こすと考えられてきた（竹中 1998）。

本章が注目するのは，こうした地区の社会階層が，主観的幸福にどのような影響を与えるかである。住宅階層などを通じたその影響のメカニズムについては次節で検討するが，地区の社会階層と主観的幸福の関わりは，地区内・地区

間のつながりにも影響すると考えられる。たとえば，社会階層に関連して地区間に極端な主観的幸福の格差が生まれている場合，地区間のつながりは損なわれ，地区を超えた地域活動が難しくなることが考えられる。

　地区の社会階層に注目するというとき，問題となるのは，社会階層によって特徴づけられる地区に居住すること自体が，住民1人ひとりの主観的幸福に影響を与える可能性である。平均的な社会階層の異なる複数の地区を比較する場合，当然ながら住民1人ひとりの社会階層も，各地区住民の主観的幸福の水準に影響していると考えられる。しかし，ここで検討されるべきは，住民1人ひとりの社会階層によって形作られている各地区の平均的な社会階層そのものが，個人の社会階層とは別に文脈効果を持つかもしれないことだ。そのため，分析においては，たとえ個人の社会階層が一定であっても，地区の社会階層の影響があるかどうかを見極めなくてはならない。

　三浦展（1995）は郊外の特徴の一つとして「均質性」を挙げている。しかしながら，均質な小地区の集合体という特質をもつ郊外は，広域的には必ずしも均質ではない。本書の事例について言えば，多摩市の特定の地区内は均質かもしれないが，多摩市全域が均質というわけではない。高木恒一（2004）は，住宅階層論などに注目し，郊外における均質性と異質性の複雑な関係を捉えることが郊外研究の課題であると指摘している。本章は，地区間の異質性と地区内の均質性の効果を，次節で示すように整理し，分析可能な形で捉える。そして，均質的とされる郊外地域の内部において，住民がむしろ均質的でない意識を持っているという内実を示す。

　以下では，地区の社会階層が主観的幸福に影響するメカニズムについて先行研究を概観して検討した上で（2節），調査対象地における社会階層の格差を確認し（3節），量的調査データの分析によって調査対象地における地区の社会階層と生活満足度の実際の関連を明らかにする（4節）。そして，この関連の地区内・地区間のつながりに対する影響について考察する（5節）。

2 地区の社会階層が幸福に影響するメカニズム

本節では，想定される地区の社会階層の主観的幸福に対する影響と，そのメカニズムについて論じる。地区間の異質性と地区内の均質性に着目して，地区間の格差と地区内の格差という観点から，地区の社会階層の影響を検討する。また，主観的幸福に関連するその他の要素について，先行研究を概観する。

（1） 地区間の社会階層の格差

地区の社会階層の影響として，まず，前節でも言及した住宅階層の観点から考えることができる。

住宅階層の問題は，近年ますます重要となっている。日本の住宅政策は，他の福祉政策と同様，家族・企業に依存する「日本型福祉」の特徴を持つ（平山2009）。こうした住宅政策のもとで，公営住宅の建設による低所得者への住宅供給は，中心的な政策の対象から外れた人びとに対する消極的な政策，残余的政策であった。さらに，近年の新自由主義政策により，公共セクターからの住宅供給がより一層削減され，公営住宅の残余化が進んだという（平山2005）。このような変化のもと，特定の社会階層と住居との関連が密接になっていった。

調査対象地は，次節において数値でも確認されるように，住宅階層が見られる典型的な地域だ。調査対象地を歩けば，各地区の景観や生活環境の違いは明確であって，たとえば桜ヶ丘には優美なデザイン・内装のコミュニティセンターが建っている（石田光規 2015: 123-126）。また，公的な一括開発がなされた地域では，政策の転換により公営住宅を含む賃貸住宅の割合が減少したため（竹中 2002: 55-57），後に開発された地区に住む人ほど階層が高い。調査対象地においても，住宅階層問題は深刻化している可能性がある。

このような地区間の住宅構造の差異は，居住者の生活満足度に影響すると考えられる。というのも，地区による社会階層の違いが，地区の町並みとして物理的・構造的に表れ，地区間の社会階層の格差を可視化しているからである。住宅階層の観点からすれば，住民の平均的な社会階層が高い地区に住むことそ

戸建ての地区（右上）と集合住宅が並ぶ地区（下）が道路を挟んで隣接するなど，地区による差異がよく分かる。
資料：国土地理院ウェブサイト「地図・航空写真閲覧サービス」より2005年の空中写真を加工して作成（http://mapps.gsi.go.jp/maplibSearch.do）。

図3-1　多摩市内の航空写真

のものが，主観的幸福を高めると考えられる。この観点から地区の階層の影響を考えると，「同じ所得の人でも，平均所得が高い地域に住む場合の方が，平均所得が低い地域に住む場合よりも，生活満足度が高い」と予想することができる[1]。これは，地区間の社会階層の格差の影響に着目した予想である。

（2）地区内の社会階層の格差

地区の社会階層の生活満足度に対する影響として，前項では地区間の社会階層の格差の影響を検討したが，もう一つ，地区内の社会階層の格差が影響する

---

1) 社会階層の尺度として，ここでは所得を用いる。これは，次項で相対所得を扱っており，分析に用いる尺度を合わせるためである。

可能性も考えられる。

① 相対的格差

　地区内の社会階層の格差の影響は，マートンの言う準拠集団（reference group）内の相対的格差という観点から考えることができる。これは，社会全体のなかでの社会階層の高低だけではなく，比較の対象となる集団やカテゴリ内での相対的な社会階層の高低が重要であるという考え方である。近年の主観的幸福研究はこの相対的格差に注目しており，とくに社会階層の尺度の一つである所得について，相対所得が主観的幸福に影響すると考えている（白石 2010）。相対所得とは，自らとの比較の基準になる準拠集団内における各人の所得の相対的な高さである。この考えは，たとえ所得が同じであっても，準拠集団の所得の平均値が高ければ自らの所得を低く感じ，準拠集団の所得の平均値が低ければ高く感じることに基づいている。日本においても，相対所得が主観的幸福に影響を与えるとされる（浦川・松浦 2007; 小塩・浦川 2012）。

　相対所得についての先行研究では，準拠集団として類似した属性や背景を共通に持つカテゴリが設定されているが，もし地区を準拠集団と考えられるのであれば，地区内での相対所得，つまり同地区内の住民と比べた所得の高さが，主観的幸福に影響すると思われる。Luttmer（2005）は比較的小さな地域，アメリカの平均 15 万人規模の地区を準拠集団とした場合の，相対所得の幸福度に対する効果を明らかにしているが，本章で扱う地区の規模はもっと小さい。そして，各地区は開発によって特徴づけられ，地区間の異質性とともに地区内の均質性が，住宅階層として目に見える形となっている。地区住民が地区を準拠集団と捉え，自らの所得をはじめとする社会階層を地区内の他の住民と比較し，地区内の小さな差異を意識していることは，じゅうぶん考えられる。ここでは，たとえば第 2 章の事例に表れているように，均質性のある地区内で，かえって地区内の差異が重要視されることが想定される。そのため，地区内の社会階層の格差は，準拠集団内の相対的格差として，主観的幸福に影響する可能性がある。

② 相対的剥奪

上述の相対的格差の主観的幸福に対する影響は，相対的剥奪の考え方によって説明されることが多い。相対的剥奪とは，「他人と自分の境遇を比較したときに感じる欠乏感や不満のこと」（石田淳 2015: 1）である。準拠集団における相対所得の影響のうち，準拠集団との比較で劣位にある場合に焦点を当てるという，より特定した形で，その影響を説明しているのである。石田淳（2015）によると，相対的剥奪の大きさをイツハキの相対的剥奪指数（Yitzhaki 1979）によって量的に測定することができ，日本のデータでも年齢階層や市郡規模，性別などのカテゴリを準拠集団とした場合，相対的剥奪指数は生活満足感に対する効果を持つ。[2]

相対的剥奪指数が前提としているのは，自分より所得の低い，または同じ所得の者との比較では相対的剥奪は生じないが，自分より所得の高い者との比較においてはその所得の差が相対的剥奪の大きさを示す尺度となる，という考え方である（石田淳 2015: 33）。相対的剥奪指数は，具体的には，ある準拠集団にいる個人から見た，自分以外の同準拠集団メンバーとの比較による剥奪の大きさを，すべての自分以外のメンバーに対して計算し，その平均を取ることで算出される。地区が準拠集団であれば，同じ地区に住む他の住民全員との間で剥奪の大きさを計算し，平均したものである。地区という準拠集団内での相対所得が高い住民の相対的剥奪指数は低くなり，相対所得の低い住民の相対的剥奪指数は高くなる。

以上のように，地区内の社会階層の格差の主観的幸福に対する影響は，地区を準拠集団と考えた相対的格差の影響，あるいはより特定して相対的剥奪の影響として，表れる可能性がある。相対的格差の考え方に基づけば，地区内の社会階層の格差の影響は，「同じ所得であっても，平均所得が高い地域に住む場合の方が，平均所得が低い地域に住む場合よりも，生活満足度が低い」という形で表れると予想される。また，相対的剥奪の観点からすれば，「同じ所得で

---

2) 石田淳は何種類かの相対的剥奪指数のうち，「準拠集団がある場合の個人的相対的剥奪指数」（石田淳 2015: 71）を主に分析に用いており，本章ではこの指数を単に「相対的剥奪指数」と呼ぶこととする。

あっても，相対的剥奪が大きい人の方が，相対的剥奪が小さい人よりも，生活満足度が低い」という形で，地区の社会階層の影響が見られるだろう。

一見して分かるように，地区間の社会階層の格差に注目した場合（1）と，地区内の格差に注目した場合（2）では，地区の社会階層の生活満足度に対する影響について，異なる予想が立てられる。そこで，分析では，どちらの予想がよりデータに当てはまるのかを検証することで，調査対象地で地区の社会階層がどのように住民の主観的幸福に影響しているのか，明らかにしていく。

（3） 主観的幸福と関連するその他の要素

ここでは，地区の社会階層以外の，主観的幸福と関連する要素についての先行研究を概観する。主観的幸福に影響を与える要因について先行研究をまとめた浦川邦夫（2011）によれば，健康，学歴，所得，家族・結婚，隣人・地域などが要因として挙げられている。社会階層に関わる要因としては，前節で紹介した相対所得のほか，所得の絶対的水準の影響が指摘されている。日本においても，世帯所得と生活満足度の関連は非常に強いことが繰り返し確かめられている（色川 2001; 前田 1998）。また，職業については管理職，専門技術職，事務職といったホワイトカラーで生活満足度が高いことが指摘されている（内閣府 2016）。このように，個人の社会階層は主観的幸福と関連する重要な要素であるため，分析において地区の社会階層の効果を見極める際，個人の社会階層を統制する必要がある。

また，隣人・地域に関わる要因としては，近隣の住民とのネットワーク，パットナムのいうところのソーシャル・キャピタル（社会関係資本）の影響があるとされているほか（浦川 2011），地域の所得格差の大きさ（Oshio and Kobayashi 2011），ソーシャル・キャピタルと地域の所得格差の交互作用（古里・佐藤 2014）なども挙げられている[3]。さらに，性別では女性，年齢層については20歳代，30歳代，70歳代で生活満足度が高いなど，属性の影響もあるとされる（内閣府 2016）。

3　社会階層の格差の実態

　ここでは，地区間の社会階層の格差を確認する。分析には 5 地区調査を用いるが，この調査には宅地開発の類型が異なる 5 つの地区が含まれている（序章 3 節（2）①を参照）。地区は宅地開発によって区分される近隣社会として捉えられるもので（序章 2 節（1）②を参照），人口規模は少ない地区で 3500 人程度，多い地区でも 1 万 2000 人ほどである。序章 2 節（1）②で紹介されている通り，宅地開発の類型によって，地区ごとの社会階層の特徴が顕著であり，同地区の住民は均質的である。とくに，一括開発地区では，最初の地区住民が同時期に入居しているために，地区住民の入居時のライフステージや社会階層は似通っている。桜ヶ丘，愛宕，鶴牧はそれぞれ，民間資本によって開発された分譲の戸建て，公社・公営の賃貸集合住宅，分譲の集合住宅，が中心である。これら 3 地区は主な住居形態が異なるため，住民の社会階層にも明瞭な違いがある。既存地区には，一括開発によって人口が急激に増大する以前からの住民（既存住民）がおり，開発も徐々に進められたため，事情はより複雑である。たとえば，関戸は聖蹟桜ヶ丘駅を含む通勤しやすい地区であり，開発以後の住民（新住民）の流入・入れ替わりが激しい地区である。それに対し，乞田・貝取は鉄道駅から離れており，既存住民が農業を行っている区域も残っているため，新住民の流入は比較的緩やかであった。こうした違いが，関戸と乞田・貝取における住民の社会階層の構成を特徴づけている。

　以上のように異なる開発類型にあてはまる 5 地区について，社会階層という観点から見た特徴を量的調査データによって確認する（表 3-1，表 3-2）。数値はすべて 5 地区調査のデータに基づいている。

3）ただし，これらの研究で扱われている地域は，都道府県や市区町村といった比較的規模の大きいものである。また，本章のデータを用いて地区内の所得格差の大きさと生活満足度の関連も検討したが，5 地区のみの比較であるために，地区の所得水準の影響と，地区内の所得格差の大きさの影響を区別することが難しく，後者の影響を示すことはできなかった。

表 3-1　各地区の社会階層の特徴（5 地区調査）

		関戸 (男性 55, 女性 72)	乞田・貝取 (男性 50, 女性 74)	桜ヶ丘 (男性 46, 女性 82)	愛宕 (男性 31, 女性 34)	鶴牧 (男性 39, 女性 64)	全体 (男性 221, 女性 326)	統計値[注1]
30-59 歳	平均教育年数（女性）	14.47	13.96	15.06	13.32	14.66	14.42	8.968***
	平均教育年数（男性）	14.89	15.12	15.78	14.06	15.38	15.10	4.121**
	上層ホワイト率（男性）	38.18%	56.00%	65.22%	32.26%	61.54%	51.13%	13.928**
		関戸 (男性 28, 女性 50)	乞田・貝取 (男性 18, 女性 28)	桜ヶ丘 (男性 38, 女性 38)	愛宕 (男性 48, 女性 67)	鶴牧 (男性 53, 女性 49)	全体 (男性 185, 女性 253)	統計値
60-79 歳	平均教育年数（女性）	13.24	13.07	14.03	11.60	13.69	13.06	13.062***
	平均教育年数（男性）	14.50	13.28	15.03	13.08	15.62	14.44	10.792***
	上層ホワイト率（男性）	53.57%	44.44%	73.68%	31.25%	67.92%	55.14%	20.720***

***p <.001, **p <.01
注1：平均教育年数については F 値，上層ホワイト率については χ² 値を示した。

表 3-2　各地区の社会階層の特徴（5 地区調査）

		関戸 (106)	乞田・貝取 (100)	桜ヶ丘 (99)	愛宕 (46)	鶴牧 (94)	全体 (445)	統計値[注1]
30-59 歳	平均年収（100 万円）	8.00	7.12	9.95	6.74	8.46	8.20	6.993***
	持ち家率	71.70%	69.00%	90.91%	52.17%	88.30%	76.85%	67.846***
	平均住宅面積 (m²)	78.42	89.26	184.87	73.72	91.73	106.86	29.700***
		関戸 (69)	乞田・貝取 (44)	桜ヶ丘 (97)	愛宕 (83)	鶴牧 (100)	全体 (393)	統計値
60-79 歳	平均年収（100 万円）	5.51	6.11	6.88	4.09	6.22	5.79	6.149***
	持ち家率	82.61%	86.36%	96.91%	43.37%	96.00%	81.68%	158.774***
	平均住宅面積 (m²)	89.90	174.20	195.27	60.77	109.41	124.16	24.072***

***p <.001
注1：平均年収・平均住宅面積については F 値，持ち家率については χ² 値を示した。

地区の社会階層の変数として，教育（平均教育年数），職業（男性の上層ホワイトカラー率[4]），所得（平均世帯年収），住居の状況（持ち家率，平均住宅面積）を確認した。表全体を概観すると，平均的に見て，桜ヶ丘，ついで鶴牧の社会階層が高く，愛宕の社会階層が低いことが確認できる。とくに，分析において社会階層の変数として主要に扱う世帯年収については，地区間の格差が明瞭である。地区間の社会階層の異質性が高いという特徴が，数値からも確認された。

4 分析結果——地区内格差か，地区間格差か？

本節では，5地区調査データを用いて，生活満足度に対する回帰分析を行い，地区内・地区間の社会階層の格差の影響を検証する。以下では，まず，データと変数を紹介し，男女別・年齢層別の回帰分析の結果を示す。さらに，小学校調査データを用いた，女性についての補足的な分析の結果を提示する。

（1） 分析に用いるデータと変数
① データ——5地区調査

データは，30歳から59歳までの「現役世代」と，60歳から79歳までの「高齢世代」に分けて分析した。年齢層を分けたのは，社会階層の変数である所得の分布が，給与等が主な収入源である年齢層と，年金等による収入の割合が大きい年齢層とで，大きく異なるからである。そして，性別により各変数と生活満足度の関連が異なる可能性があるため，男女別に分けた回帰分析も行っている。地区・性別・年齢層が同じ対象者を同じ準拠集団に含まれているとみ

---

[4] 上層ホワイトカラー（専門職・管理職）は，大きな社会的資源と結びつけられている職業とされるため，この割合は高い職業的地位を持つ人の割合である。5地区調査においては，現在働いている人に対しては現在の主な仕事，定年で引退した人に対しては当時の主な仕事を尋ねている。女性については，全般的に職業的地位が低く，かつ本人が就労していなくても配偶者や世帯の状況によっては社会階層が低いとは言えないという考え方もあるため，この割合の計算からは除いた。

なした。つまり，地区・性別・年齢層が同じ人びとの間で，互いに比較が行われていると考える。

② 変数——地区の社会階層の影響を検証するために

従属変数は，「今の生活に満足している」かどうかを 4 段階（0-3 点）で尋ねることによって測定された，生活満足度である。主な独立変数として，世帯年収と，地区平均世帯年収または相対的剥奪指数を用いた。世帯年収は，住民個人の社会階層を表している。対して，地区平均世帯年収と相対的剥奪指数は，地区の社会階層の影響を表すための変数である。

地区平均世帯年収は，世帯年収とともに分析に含めることで，以下のように解釈できる変数である。もし地区平均世帯年収が生活満足度に対してプラスの効果を持つならば，住民個人の世帯年収とは別に，豊かな人が多い地区に住むことそのものが，生活満足度を押し上げる効果を持つと考えることができる。もしこのような結果が得られれば，それは 2 節（1）に示した住宅階層の観点，地区間の社会階層の格差が影響しているという考えと整合的な結果である。反対に，もし地区平均世帯年収がマイナスの効果を持つならば，同じ世帯年収を得ている人であっても，平均的に見て豊かな地区に住んでいると，生活満足度が低いということになる。これは 2 節（2）に示した相対的格差の観点，地区内の社会階層の格差が影響しているという考えと整合的な結果である。

2 節（2）②で述べたように，地区内の社会階層の格差が影響するメカニズムをより限定して，相対的剥奪という観点から捉えた場合には，相対的剥奪指数によりその効果を分析することができる。そこで，世帯所得を用いて，相対的剥奪指数を構成した[5]。もしこの変数が生活満足度に対してマイナスの効果を持っていれば，相対的剥奪という形で地区内の社会階層の格差が影響しているという考えと整合的である。

統制変数として，先行研究によって主観的幸福に影響すると考えられる諸変

---

[5] 相対的剥奪指数については，「準拠集団がある場合の個人的相対的剥奪指数」をデータから計算する，「ノンパラメトリックな変数構成法」（石田淳 2015: 113）を採用した。

数を用いている（2節（3）を参照）。健康に関わる変数としてディストレスと主観的健康，学歴について教育年数，所得・社会階層の変数として就業状況，住宅面積，持ち家の有無，家族・結婚について婚姻状況，隣人・地域に関わるものとして居住年数，地域への愛着，地域の友人数（5段階），その他の属性として年齢を扱っている。

（2） 5地区調査に見られる地区の効果
① 地区平均世帯年収

まず，地域の階層格差の変数として地区平均世帯年収を投入して，生活満足度への回帰分析を行い，結果を表3-3にまとめた。[6]

男女あわせたデータの分析結果を見ると（表3-3の2・3列目），無職女性

表3-3 生活満足度への回帰分析の結果（5地区調査）

	全体 現役世代	全体 高齢世代	男性 現役世代	男性 高齢世代	女性 現役世代	女性 高齢世代
年齢						
女性・有職		＋				
女性・無職	＋	＋			＋	
ディストレス	－	－	－	－	－	－
主観的健康	＋	＋	＋	＋		＋
教育年数						
住宅面積						
持ち家あり	＋				＋	
結婚						
居住年数	－				－	
地域への愛着	＋	＋	＋	＋	＋	＋
友人数（5段階）			－			
世帯年収	＋	＋	＋	＋	＋	＋
地区平均世帯年収	－	＋	－	＋		

---

[6] 分析の結果表は，本書巻末にまとめて掲載されている。

である,健康である,地域への愛着が強い,世帯年収が多い,そしてディストレスが少ない住民において,生活満足度が高い傾向にあることが分かる。このほか,現役世代では持ち家がある,居住年数が短い場合に,生活満足度は高い。高齢世代では,職業の有無に関わらず女性である場合に生活満足度が高い傾向がある。そして,地区の社会階層を表す変数である地区平均世帯年収と生活満足度の関連は,現役世代ではマイナス,高齢世代ではプラスであった。

男女別に分析すると,男性のデータでは,全体のデータと同様,現役世代では地区平均世帯年収がマイナスの,高齢世代ではプラスの関連を持っていた(表3-3の4・5列目)。そのほかの変数の影響も,全体の分析と大きくは異ならない。それに対して,女性のデータでは,現役世代・高齢世代ともに地区平均世帯年収の効果が見られない(表3-3の6・7列目)。また,現役世代の女性では,就業している,居住年数が長い住民において生活満足度が低い傾向にあるという結果が見られた。

これらの分析結果から,男性においては,現役世代では地区内の社会階層の格差,高齢世代においては地区間の社会階層の格差が生活満足度に影響していると見られる。そして,女性に関しては,地区の社会階層の影響は確かめられなかった。

② 相対的剥奪指数

次に,地区の社会階層の変数を相対的剥奪指数に替えた回帰分析を行い,結果を表3-4にまとめた。

相対的剥奪指数は現役世代においてのみ,マイナスの係数で有意であった

---

7) 回帰分析においてプラスの係数を示す変数は,その変数の値が高いほど生活満足度が高いことを,マイナスの係数を示す変数は,その変数の値が高いほど生活満足度が低いことを示している。表3-3および表3-4では,10%水準で有意となった係数に+もしくは-の記号をつけた。
8) 日本においては,いわゆる主婦の生活満足度が高いことや(内閣府2016),既婚女性において安定的な雇用が生活満足度の高さにつながらないことが知られており(脇田2014),この点は先行研究と同様の結果である。この背景には,既婚有職女性におけるいわゆる「仕事と家事・育児」の二重負担があると考えられる。

表3-4　生活満足度への回帰分析の結果（5地区調査）

	全体現役世代	全体高齢世代	男性現役世代	男性高齢世代	女性現役世代	女性高齢世代
年齢						
女性・有職		+			−	
女性・無職	+					
ディストレス	−	−	−	−	−	−
主観的健康	+	+	+	+		+
教育年数		+				
住宅面積						
持ち家あり					+	
結婚						
居住年数	−				−	
地域への愛着	+	+	+	+	+	+
友人数（5段階）				−		
世帯年収		+		+		
相対的剥奪指数	−		−			

（表3-4）。男女別に分析した場合，男性のデータでは全体と同様の結果が見られ，女性のデータでは相対的剥奪指数の係数は現役世代でも有意でなかった。このことから，男性の現役世代については，相対的剥奪による説明がデータとの整合性を持っていると考えられる。

（3） 地区の効果は女性にも見られるか

5地区調査データの分析を通して，女性に関しては，地区の社会階層を表す変数と生活満足度の関連を確認することができなかった。この結果についてはさまざまな要因が考えられるが，女性においては，同じ現役世代のなかでも細かなライフステージによって生活状況，たとえば就業をめぐる状況が大きく異なるため，同じ世代・地区の住民であるというだけでは準拠集団をなしていると考えられず，そのためこのような結果となったのかもしれない。そうだとすると，ライフステージを限定した準拠集団を設定すれば，地域における社会階

層の格差の影響を検証することができる可能性もある。そこで，小学校調査データ（序章 3 節（2）② を参照）に含まれる女性（$N=547$），つまり小学校高学年の児童の保護者女性という，より同質的な人びとの分析を行った。

　この分析においては，5 つの通学区域，いわゆる学区を準拠集団と捉える[9]。小学校高学年児童の女性保護者である調査対象者の通学区域が同じであれば，子どもを同じ学校に通わせている場合が多い。そのため，いわゆる「ママ友」つきあいなどを通じて，同通学区域の女性保護者どうしは互いの状況を比較しやすいと考えられる。加えて，本章では各通学区域の詳しい状況には立ち入らないが，通学区域間の平均的な住居形態・社会階層の格差も明確である（図表は省略）。そのため，調査対象者にとって通学区域は準拠集団となっていると想定することができる。

　従属変数と独立変数は，4 節（2）② に示した分析と同様である。統制変数には若干の違いがあり，学歴についての変数として教育年数，所得・社会階層の変数として就業状況，持ち家の有無，教育に関する財産，家族についての変数として婚姻状況，隣人・地域に関わるものとして居住年数，地域への愛着，地域の友人数（5 段階），その他の属性として年齢を扱った。

　分析の結果[10]，プラスの係数を示した変数は教育年数，教育に関する財産，地域への愛着，友人数（5 段階），世帯年収であり，マイナスの係数を示した変数は相対的剥奪指数であった。投入できる変数や年齢層，設定した準拠集団に違いがあるため，5 地区調査の分析と厳密に比較することはできない。また，友人数が多いことや教育年数が高いことが生活満足度と関連しているなど，この分析に独特の結果も見られた。しかし，小学校高学年の児童の保護者である女性について，通学区域を準拠集団と考えた場合，通学区域内の社会階層の格差が相対的剥奪のメカニズムを通して生活満足度に影響している，という説明と整合的な結果が得られたと言えるだろう。

---

9) 通学区域という用語については，第 4 章 1 節を参照されたい。
10) 分析の結果表は，本書巻末にまとめて掲載されている。

5　地区内・地区間の格差と地域のつながり

本章のおわりに，量的調査データの分析結果をまとめ，調査対象地における社会階層の格差と主観的幸福の関連を示す。その上で，この結果が地区内・地区間のつながりについて示唆していることを，質的調査データの結果を含めて考察する。

（1）　地区内／地区間の社会階層の格差と主観的幸福

①　分析結果のまとめ

分析結果から，現役世代男性の主観的幸福には地区内の社会階層の格差が影響しており，その影響は相対的剥奪によって説明されると考えられる。図3-2は，現役世代男性の分析結果から，所得の生活満足度に対する効果の地区による違いを示したものである。このグラフは，平均的な社会階層の異なる愛宕と桜ヶ丘についてそれぞれ，相対的剥奪指数を用いた分析結果（表3-4）に基づき，世帯年収ごとの生活満足度の推定値を計算した結果を示している。[11]

図3-2は横軸に世帯年収をとっており，縦軸にはその世帯年収を得ている現役世代男性の生活満足度（0-3点）の推定値を表している。これを見ると，世帯年収が高い人にとってはどちらの地区に住んでいても生活満足度は変わらないが，世帯年収が低い場合には，地区の平均的な世帯収入が高い桜ヶ丘においてより生活満足度が低くなっていることが分かる。つまり，個人の世帯年収の低さとは別に，相対的剥奪の大きさが生活満足度を下げていると解釈することができる。4節（3）の補足的な分析によれば，女性についても，ライフステージを同じくする子育て世代の人びとに分析対象を絞ると，相対的剥奪が生活満足度に影響していると推測される。現役世代では，同地区内の他の住民と

11）世帯年収（100万円）および相対的剥奪指数以外の変数には，現役世代男性全体の平均値を代入して生活満足度の推定値を計算している。

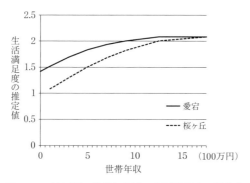

図 3-2　地区別　世帯収入別　生活満足度の推定値
　　　（男性，30-59 歳）

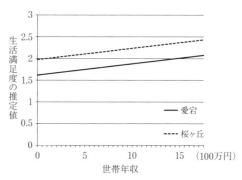

図 3-3　地区別　世帯収入別　生活満足度の推定値
　　　（男性，60-79 歳）

比べて所得が低い状態にある人が剥奪を感じるために，同じ所得がある人でも平均所得が高い地区に住んでいると主観的幸福が低い傾向にあると言えよう。

　対照的に，高齢世代男性の主観的幸福には地区間の階層格差が影響していると考えられる。図 3-3 は，高齢世代男性の分析結果を用いて，所得の生活満足度に対する効果の地区による違いを示している。このグラフは，地区平均世帯年収を用いた分析結果（表 3-3）に基づいている。同じ所得を得ている人

12）世帯年収（100 万円）および地区平均世帯年収以外の変数には，高齢世代男性全体の平均値を代入して生活満足度の推定値を計算している。

であれば，平均的に豊かな地区に住んでいる人の方が，そうでない地区に住んでいる人よりも生活満足度が高い傾向にあることが分かる。

② 分析結果の解釈

分析結果は，以下の2点を示唆していると考えられる。第1に，地区の社会階層は，住民の主観的幸福に対して，年齢層によって異なる影響を与えていることだ。男性が高齢世代となると，仕事を引退することで地域で過ごす時間が長くなり，地域への関心が高まるだろう。また，高齢世代の男性は，現在の社会階層を今後も変わらない「到達階層」と認識することだろう。高齢に至ると住居の移動もあまり考えないため，住宅階層はまさに到達階層である。そして地域に目を向ければ，そこには截然と住宅階層によって分かれた地区があり，地区間の住民の平均的な社会的資源の違い，景観や公共施設の状態の違いが認識される。高齢世代の男性は，自らの住む地区を他地区の人びとと比較した「自分たちの」位置と認識すると考えられる。それゆえ，地区間の社会階層の格差が主観的幸福に影響しているのではないだろうか。

一方，現役世代の人びとは，まだ社会階層の移動を経験する可能性がある。将来的に転居する可能性も高齢世代と比べれば大きい。社会階層はまだ変わり得るものであるが，調査時点では，住んでいる比較的狭い地区は社会階層やライフステージという観点からして似通っている，という状況である。地域全体への関心が高くなくとも，同じ地区の，あるいは近隣の住民との均質性は目に入る。そのため，地区は，同じような立場にある（と認識されている），比較の対象となる人びとで構成される，準拠集団と考えられる。そのため，高齢世代とは対照的に，現役世代においては地区内の社会階層の格差が問題となり，近隣に住む人との比較によって「自分の」位置を捉えていると考えられる。

第2に，調査対象地域のように截然と住宅階層が分かれた地区が隣接・近在していることが，地区の社会階層の影響を大きくしていることが示唆された。とくに，高齢世代男性においては，住宅階層によって主観的幸福の格差が拡大すると考えられる。なぜならば，所得が低い（高い）住民は，個人の所得によって主観的幸福が低く（高く）なるだけでなく，平均所得の低い（高い）地

区に住むことで，いっそう主観的幸福が低く（高く）なるからだ。高齢者においてはそもそも社会階層の格差が大きく，高齢化が社会全体の格差を拡大させることが指摘されているなかで（大竹 2005），このような住宅階層の地域社会に与える影響は軽視できない。

（2） 地区内・地区間のつながりへの影響

現役世代における地区内の社会階層の格差，高齢世代男性における地区間の格差の主観的幸福への影響は，地域におけるつながりにとって，決して肯定的に評価できるものではないだろう。現役世代について言えば，地区内の均質性が高いために，相対的剥奪を感じやすい状況にあると言える。第 2 章で詳細に取り上げられているように，均質的な地区内において相対的剥奪による葛藤が表れることがあり，このことは地区内の地域活動を難しくする。[13]

より深刻だと考えられるのは，高齢世代の男性における地区間の格差の主観的幸福に対する影響である。高齢になり労働市場から撤退した男性が地域活動に乗り出したとしても，地区の住宅階層を自らの社会階層と捉えざるを得ない状況があるために，地区を超えたつながりの形成に向かいにくくなっている可能性がある。調査対象地における質的調査によれば，地域住民によって，地区間の社会階層の格差は確かに意識されている。聞き取り調査において，平均的な社会階層が高い地区の住民が隣接する他地区住民を「ブルーカラー」であると表現したり，反対に他地区住民が社会階層の高い地区の住民を「ブルジョア」であると発言したりすることもあった。人口減や高齢化の上に，地区間の社会階層の格差が重なることで，地区をこえた社会関係の構築に悪影響が及ぼされ，地区間の分断を促す可能性がある。

ただし，人びとが地区の均質性を認識することは，地区にアイデンティティを持ち，地区内のまとまりを感じることにつながり，地区ごとの地域活動にとっては強みとなるかもしれない。また，高齢世代の女性において地区の社会

---

13) 調査対象地においては，平均的な社会階層が低い地区の方が，地区内の社会階層の格差が大きい傾向にある。

階層の影響が見られなかったことは，地域活動にとってヒントとなるかもしれない。世帯単位で見れば裕福であるが個人として高い職業的地位を持たない場合があるなど，女性の社会階層は見えにくい[14]。そのような女性の方が，現状では地区の社会階層の違いを乗り越えやすいとすれば，より多様な属性を持つ主体が地域活動に参加していくことが，地域のつながりにとって重要なのではないか。地域におけるつながりづくりを考える際には，地区内および地区間の社会階層の格差への配慮が必要となるだろう。

　本章の分析は，郊外開発によって生じる住宅階層が地域社会に及ぼす影響の一端を捉えていると考えられる。調査対象地は，截然と住宅階層が分かれ，しかも住宅階層が異なる地区が隣接・近接している状況にあることから，郊外のなかでも典型的というより先鋭的な事例であると位置づけられる。調査対象地には，低所得者への住宅供給や地域における多様性の確保といった視点を持って計画的に開発された地区があるにも関わらず，まさにその宅地開発による地理的区分が住民の分断につながりかねない状況を作り出している，という問題があると考えられる。調査対象地を一種の理念型と捉えるならば，郊外において多様性を確保しながら地域のつながりを生み出していくことの難しさの一端を，本章は示している。地域における社会階層の格差に配慮することは，郊外におけるつながりづくりにとって大きな課題であるだろう。

付記

　本稿は関東社会学会『年報社会学論集』30号（2017年）に掲載された「地域の階層格差と生活満足度」（pp. 98-109）に大幅に加筆修正したものである。転載にあたり，関東社会学会の許可を得た。

参照文献

Fischer, Claude S., 1976, *The Urban Experience*, Orland: Harcourt Brace & Company.

---

14) 女性が社会階層と無縁であるわけではなく，女性の生活機会は本人および家族の社会階層，家族構成によって複雑な影響を受けているために，社会階層の影響は男性と比べて認識されにくい。

（＝ 1996，松本康・前田尚子訳『都市的体験――都市生活の社会心理学』未來社．）

古里由香里・佐藤嘉倫，2014，「主観的幸福感とソーシャル・キャピタル――地域の格差が及ぼす影響の分析」辻竜平・佐藤嘉倫編『ソーシャル・キャピタルと格差社会――幸福の計量社会学』東京大学出版会，189-208．

Gans, Herbert J., 1962, *The Urban Villagers: Group and Class in the Life of Italian-Americans*, New York: Free Press.（＝ 2006，松本康訳，『都市の村人たち――イタリア系アメリカ人の階級文化と都市再開発』ハーベスト社．）

原純輔，1981，「社会構造論」安田三郎編『基礎社会学 第 4 巻 社会構造』東洋経済新報社，34-54．

平山洋介，2005，「公営住宅制度の変容とその意味」『都市問題研究』57(4): 71-84．

平山洋介，2009，『住宅政策のどこが問題か――〈持家社会〉の次を展望する』光文社．

色川卓男，2001，「妻と夫の生活満足度を規定する要因について――認知の一致性指標と事実の共同性指標を用いた検討」『季刊家計経済研究』49: 36-63．

石田淳，2015，『相対的剥奪の社会学――不平等と意識のパラドックス』東京大学出版会．

石田光規，2015，『つながりづくりの隘路――地域社会は再生するのか』勁草書房．

Luttmer, Erzo F. P., 2005, "Neighbors as Negatives: Relative Earnings and Well-Being," *The Quarterly Journal of Economics* 120(3): 963-1002.

前田忠彦，1998，「階層帰属意識と生活満足感」間々田孝夫編『1995 年 SSM 調査シリーズ 6 現代日本の階層意識』，89-112．

三浦展，1995，『「家族と郊外」の社会学――「第四山の手」型ライフスタイルの研究』，PHP 研究所．

内閣府，2016，「平成 28 年度国民生活に関する世論調査」(http://survey.gov-online.go.jp/h28/h28-life/index.html)．

OECD, 2013, *OECD Guidelines on Measuring Subjective Well-being*, OECD Publishing（＝ 2015，経済協力開発機構（OECD）編著，桑原進監訳，高橋しのぶ訳，『主観的幸福を測る―― OECD ガイドライン』明石書店．）

Oshio, Takashi, Miki Kobayashi, 2011, "Area-level Income Inequality and Individual Happiness: Evidence from Japan," *Journal of Happiness Studies* 12(4): 633-649.

小塩隆士・浦川邦夫，2012，「主観的厚生に関する相対所得仮説の検証――幸福感・健康

感・信頼感」『経済研究』63(1): 42-55.

大竹文雄，2005，『日本の不平等——格差社会の幻想と未来』日本経済新聞社．

Rex, John and Robert Moore, 1967, *Race, Community, and Conflict*, London: Oxford University Press.

白石賢，2010，「幸福の経済学の現状と課題」大竹文雄・白石小百合・筒井義郎編著『日本の幸福度——格差・労働・家族』日本評論社，9-32．

高木恒一，2004，「郊外の都市社会学に向けて」『応用社会学研究』46: 57-65.

竹中英紀，1998，「ニュータウンにおける住宅階層問題の構造」倉沢進先生退官記念論集刊行会編『都市の社会的世界』，247-265．

竹中英紀，2002，「ニュータウンの住宅階層問題・再考——住宅配分システムと都市社会の構造」『都市問題』93(5): 51-59.

浦川邦夫，2011，「幸福度研究の現状」『日本労働研究雑誌』612: 4-15.

浦川邦夫・松浦司，2007，「相対的格差が生活満足度に与える影響——「消費生活に関するパネル調査」による分析」『季刊家計経済研究』73: 61-70.

脇田彩，2014，「生活満足度と婚姻状況・就業状況との関連における男女差」東京大学社会科学研究所パネル調査プロジェクトディスカッションペーパーシリーズ No. 78.

Yitzhaki, Shlomo, 1979, "Relative Deprivation and the Gini Coefficient," *The Quarterly Journal of Economics* 93(2): 321-324.

第4章 住宅階層問題が発生している地区を含む通学区域変更
―― 郊外社会の分断と融和の可能性

井上公人

1 はじめに

　本章の目的は、住宅階層が異なる地区の児童を、同じ学校に通学させるような通学区域変更が、地域社会にどのような影響をもたらしたかを検討し、郊外社会の分断と融和の可能性を検討することである。その事例として、近年の多摩市立小学校の通学区域変更に着目する。

　なお、本章で「通学区域」の用語を用いるのには、二つの理由がある。第1に、「学区」概念の一側面である通学区域がもつ、「一小学校に現実に通学する児童の居住する区域」（千葉1962: 17）という意味をより明確にするためである。なお、現在では、制度上「通学区域の概念は事実上提示されている」（酒川 2004: 22）ものの、法令上はそれを定める必要はなく、教育委員会が就学先を指定すべきことが明記されているだけである[1]。しかし、現実には、就学先指定は通学区域に基づくことが一般的で、多摩市でもこの方法がとられている[2]。第2に、近年の多摩市の状況を表す用語として、「学校統廃合」より「通学区域変更」の方が適切だからである。通学区域は、学校の建設・移転・統廃合にともなって変更される場合があるが、本章が着目する事例では、学校統廃合だけでなく、学校の建設・移転・統廃合をともなわない、通学区域だけの変更も行われている。そのため、本章では両者の区別がとくに区別が必要な場合を除き、

---

1) 学校教育法施行令第9条の見出しは、「区域外就学等」となっているからである。
2) 学校教育法施行令第5条第2項。

学校統廃合をも包含する「通学区域変更」の用語を用いる。

2　なぜ通学区域変更が地域社会に与える影響に着目するのか

（1）　郊外における通学区域変更

　現在，少子化を背景に学校統廃合が進展している。少子化は学校の小規模化，すなわち，児童・生徒数や学級数が少ない状態をもたらすが，もはやそれだけでは少子化に対応できなくなっているのである。その数は，統廃合件数に基づけば，2001年から2010年にかけては毎年100件以上（屋敷2012），廃校数に基づけば，1992年の調査開始以来，毎年100校以上，2000年代には毎年200校以上，2010年以降は毎年300校以上となっている（文部科学省2011，2017）。

　こうした状況は，全体では人口が微増している東京大都市圏でも例外ではない。東京の郊外全体では，依然，学校規模が大きい自治体は多いものの，古くから住宅開発が行われた多摩地域で学校の小規模化が進展しているのである（三橋2015）。少子化と人口減少による各年齢層の中長期的減少を考えれば，今後，郊外で小学校の統廃合が進展する蓋然性は極めて高い。

　しかし，郊外における学校統廃合は，従来あまり着目されてこなかった。若林（2012）によれば，戦後の学校統廃合は，1950年代の市町村合併と，1970年代の過疎化対策の対象となった地方の農山漁村で進展が始まった。東京大都市圏では，中山間地域のほか，1990年代初頭には，ドーナツ化した都心部でも学校統廃合が進んだ。しかし，郊外での学校統廃合の始まりは都心部よりやや遅く，若林が多摩ニュータウンでの学校統廃合の発生を指摘したほかは，田中・山本（2007）が，東久留米市の事例を記述したにとどまる。こうした理由から，本章では，多摩市の事例に着目するのである。

（2）　矛盾する現象の同時進行──学校を核とした地域活性化と通学区域変更

　全国で学校統廃合が加速する一方，学校は地域社会における結節点として，「学校を核とした地域づくり」が期待されている。その発端は，2000年に導入された「学校評議員制度」である。これは，地域住民が学校運営に参画する仕

組みを，初めて制度的に位置づけたものである。2004年には，学校運営に関して，学校評議員より強い権限を持つ，「学校運営協議会」を設置する，「コミュニティ・スクール（地域運営学校）」が制度化された。

　だが，地域と学校との相互関係，すなわち「地域―学校関係」強化の推進は，2006年改定の教育基本法第13条に，学校・家庭・地域住民等による相互の連携協力が明記されて以降である。これに基づいて，2008年に策定された第1期「教育振興基本計画」では，教育政策の基本的方向性の第1は，「社会全体で教育の向上に取り組む」（文部科学省 2008: 12）こととし，その方策の筆頭に，学校・家庭・地域の連携強化と，社会全体の教育力向上をあげている（文部科学省 2008）。さらに，2013年改定の第2期「教育振興基本計画」では，基本的方向性の4番目に，「絆づくりと活力あるコミュニティの形成」（文部科学省 2013: 23）を掲げ，「活力あるコミュニティが人々の学習を支え，生き抜く力をともに培い，人々の学習がコミュニティを形成・活性化させるという好循環の確立」（文部科学省 2013: 65）を目指している。ここからは，今後の地域―学校関係は，地域住民の学校運営への参画というような，一方向的なものではなく，学校が教育拠点として地域に貢献するという，学校中心的なものでもなく，学校と地域住民が双方向的・互恵的な関係を構築し，学校教育の向上のみならず，地域住民の人間関係や社会関係資本を構築し，コミュニティ形成にも資するものとすべきだという意図が読み取れる。学校教育と地域のコミュニティ形成を関連づける考え方は，2014年に策定された「まち・ひと・しごと創生総合戦略」でも，「学校を核とした地域活性化」（まち・ひと・しごと創生本部 2014: 38）という表現がみられる。つまり，現在では，密接な地域―学校関係の構築は，地域振興の文脈でも期待されているのである。

　しかし，学校統廃合によって複数の通学区域が統合・変更されれば，既存の地域―学校関係は変容を迫られる。とくに，学校が廃校になる地区では，既存の地域―学校関係が断ち切られ，新たな関係構築が必要となるほか，地区内・地区間関係の再構築も必要となる。つまり，現在は，学校統廃合の進展によって，既存の地域―学校関係の変容・断絶が進展すると同時に，地域―学校関係の構築が強く期待されているという，矛盾する二つの現象が同時に進行してい

るのである。このような状況下では，通学区域変更が地域社会に与える影響を解明することは，以前にもまして重要な課題だといえるのである。

（3） 通学区域変更問題という様相で表面化する住宅階層問題

　本書が着目する大都市郊外の特質の一つとして，ニュータウンにおける住宅階層の形成と，それにともなう住宅階層問題の発生がある。後述するように，多摩市では，従来は異なる学校に通学していた，住宅階層が異なる地区の児童を，同じ学校に通学させるような通学区域変更が行われた。その検討や議論の場において，住宅階層問題は教育問題という様相で表面化すると考えられる。
　第2章・第3章でも繰り返し述べられてきたように，多摩ニュータウンでは階層別住宅供給が居住分化を生み，それによって住民の社会経済的格差が住居によって容易に可視化され，地区と地区を截然と区別するという住宅階層が形成されている。その結果，住宅階層が異なる地区の人々の間に存在する「社会経済的格差や異質性が顕在化し，差別や紛争の原因となっていく現象」（竹中 1998: 250）である，住宅階層問題が発生している。こうした狭い地域内での格差は，住民が日常的に視認できることから，住民にとって極めて実感的であり，通学区域変更計画の検討や議論の場にも持ち込まれる，重要な要因として指摘できる。その理由は，子どもの出身家庭の社会経済的格差が，教育格差を生むことが知られているからである。
　この点を，平沢ほか（2013）に基づいて簡潔にまとめると，子どもの出身家庭の社会階層，とくに社会経済的要因は，学力，学歴，職業的地位，所得に影響を与えることが解明されている。しかも，学力は学歴に，学歴は職業的地位に，職業的地位は所得に影響を与えるため，学力や学歴の獲得という教育上の格差は，階層再生産と社会格差に直結するのである。さらに，子どもの学習や指導に着目すると，出身家庭の社会経済的要因は，努力の指標としての学習時間や学習意欲にも影響するほか（苅谷 2000，2001），通学区域の社会階層的背景が異なれば，教師の指導方法や子どもとの関わり方も異なる（伊佐 2010）。くわえて，能力育成における幼少期の重要性を指摘する研究（Esping-Andersen 2006＝2012; Heckman 2006）に基づくと，初等教育段階の要因はとくに重要である。

これらは，人々も感覚的に把握している点である。こう考えると，出身家庭の社会経済的状況と，通学区域変更との関係を解明する重要性が指摘できる。

これについては，村中（1973）が，岩手県下閉伊郡岩泉町において，経済的に豊かな地区が貧しい地区を蔑視するという，社会経済的格差に基づく地区間の対立関係が，貧しい地区間の団結を生み，学校統廃合反対運動に発展したことを解明している。また，宮澤（1996）が着目した東京都千代田区では，区全域を対象とした通学区域変更において，地区ごとの住民組織とは別に，地区間の対立を防止するため，全区的な住民組織が設立され，それが後に選挙での候補者擁立につながるなど，地域間関係の構築に寄与したことを解明している。

この二つの事例からは，対照的な示唆が得られる。すなわち，通学区域変更にともなう地域住民の動きが，住宅階層間の対立を先鋭化する可能性と，住宅階層間での融和・連帯を促進する可能性である。しかし，通学区域変更における社会経済的要因の影響は，先述した二つの研究のほかは，井上（2017）など，一部の研究を除いては十分に検討されておらず，郊外に着目した研究は管見の限りみられない。そこで本章では，住宅階層問題が発生している郊外における通学区域変更は，地区間の分断・対立の温床となるのか，あるいは，地区間の融和・連帯の契機となるのかを，文書資料，聞き取り調査，量的調査の検討を通じて明らかにする。

3　多摩市における通学区域変更の状況──東・西愛宕小を中心に

前節における先行研究の検討を通じ，住宅階層が異なる地区の児童を，同じ学校に通学させるような通学区域変更が行われた多摩市では，住宅階層問題は子どもの教育の場に持ち込まれ，通学区域変更問題という様相で表面化すると予想される。この理論仮説を検証するため，本章では2013年～2016年に行われた多摩市立小学校の通学区域変更，とくに住宅階層問題が発生している愛宕地区にある東・西愛宕小を含む通学区域変更に着目する。そこで，本節では，主に通学区域変更に関係する多摩市の各種会議録・会議資料や行政文書といった文書資料，聞き取り調査に基づいて，通学区域変更の状況を明らかにする。

（1） 実施された通学区域変更の内容とその理由

2013 年から 2016 年にかけて，多摩市立小学校において実施された通学区域変更は，表 4 - 1 のように示される。通学区域の変遷を地図上に示すと，図 4 - 1 のようになる。

表 4 - 1　地区類型化の基準

実施年月	地区名	変更前	変更後	備　考
2013 年 4 月	A	多摩第一 →	多摩第一	通学区域変更対象外
	B	多摩第一 →	東寺方	「特例地区」として，希望すれば多摩第一小への通学可
	C	東寺方 →	東寺方	通学区域変更対象外
	D	多摩第二 →	東寺方	
	E	多摩第二 →	多摩第二	通学区域変更対象外
2014 年 4 月	F	多摩第二 →	愛和	経過措置により，2014 年度の 2 年生以上は，多摩第二小への通学可
	G	東愛宕 →	愛和	通学区域変更対象外（東愛宕小閉校後，同じ校地に愛和小開校）
2016 年 4 月	H	西愛宕 →	愛和	2016 年 3 月末日をもって西愛宕小は廃校に

※地区名は本章独自のものであり，本文および図 4 - 1，表 4 - 2 とも対応する。
資料：多摩市（2011, 2012）をもとに筆者作成。

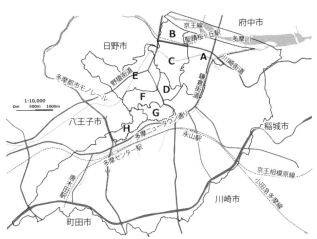

資料：多摩市（2011, 2012）をもとに筆者作成。
図 4 - 1　多摩市立小学校通学区域変更関係地図（2013 年～2016 年）

通学区域変更は3段階で実施された。第1段階では，多摩第一小の通学区域のB地区，多摩第二小の通学区域のD地区が東寺方小の通学区域に組み入れられた。第2段階では，東愛宕小を一旦閉校した上で，同じ校地に改めて愛和小が開校され，そこに多摩第二小の通学区域のF地区が組み入れられた。第3段階では，西愛宕小は廃校となり，その通学区域であるH地区は，愛和小の通学区域に組み入れられ，愛和小と統合された。

　こうした通学区域変更が必要となった最大の理由は，図4-2に示すように，隣接・近在する学校の児童数が著しく異なり，その差が拡大する恐れがあったためである。多摩第一小の通学区域（A・B地区）は，漸進開発地区に類型化される関戸・一ノ宮が主で，聖蹟桜ヶ丘駅周辺という立地を生かした大型マンション開発が行われていた。多摩第二小の通学区域（D・E・F地区）は，混在地区に類型化される和田・落川・百草[3)]が主で，近年はF地区周辺で区画整理事業が完了し，空き地と鉄道駅からの遠さを生かし，比較的安価な戸建て住宅建設が進んでいた。そのため，多摩第一小・多摩第二小の通学区域には子育て世代が多数流入，児童数が増加していた。くわえて，多摩第二小は，多摩市北東の突端部に位置していた竜ヶ峰小との統合が2009年に実施されたため，さらに児童数が増加していた。しかし，両校の間にある東寺方小の通学区域（C地区）は狭く，宅地開発の影響もおだやかであった。一方，東愛宕小の通学区域（G地区），西愛宕小の通学区域（H地区）は，賃貸・公営団地地区に類型化される愛宕にあり，慢性的な少子化と子育て世代の流入の少なさにより，児童数は長期的な減少傾向にあった。つまり，地区による宅地開発の著しい差異が，地区による人口構成の差異を生み，隣接・近在する地区の通学区域変更を招いたのである。愛宕に関しては，まさに「同一世代の極端な集中的人口流入という"街づくりの誤算"」（若林 2012: 506）が生んだ状況だといえよう。

　一連の通学区域変更のうち，本章がとくに着目するのが，愛宕を含む第2・第3段階の通学区域変更である。第2章で明らかになったように，賃貸・公営

---

3) 石田（2015）はこれらの地区を漸進開発地区としたが，現地調査をふまえると，本書の定義（表序-1）では，漸進開発地区より混在地区の定義に合致する。そのため，本章では，これらの地区を混在地区に類型化する。

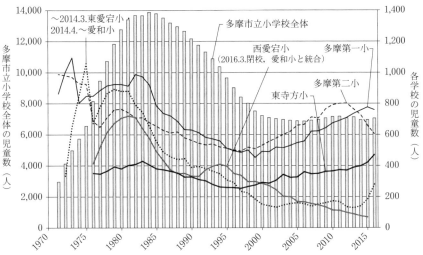

図4-2　多摩市立小学校の児童数の推移（1971年〜2016年）

資料：2003年までは，多摩市行政資料室所蔵「多摩市立小学校児童・学級数の推移」，2004〜2013年は翌年度の『多摩市の教育』，2014年以降は多摩市のWebサイト掲載のデータをもとに作成。

団地地区である愛宕には，所得制限によって貧困層が集住しており，住宅階層問題が発生している。しかし，従来の通学区域では，この点は問題化しなかった。それは，愛宕の児童が地区外の小学校に通うことや，地区外の児童が東・西愛宕小に通うことは原則としてなく，住宅階層の異なる児童が同じ学校に通うことはなかったためである。こうした通学区域が設定されたのは，多摩ニュータウンが近隣住区論に基づいて建設されたためである。1974年に制定

---

4) ただし，1972年に東愛宕小が開校し，1976年に西愛宕小・東寺方小が開校するまでの4年間だけ，百草・落川・和田の一部地区（おおむねF地区を東西に横断する「庚申塚通り」の南側）の通学区域が，一時的に多摩第二小から東愛宕小に変更されていた（多摩市教育部学校支援課2009c）。ある保護者は，これを「小学校調査」の自由記述欄に，「30年以上前にも学区変更した事があったが，学校内での子達のトラブルがひどく元に戻った事がある」と記述している。これを裏付ける資料は管見の限りみられないが，もしこれが正しいとすれば，住宅階層問題によって児童間のトラブルが看過できないレベルに至り，住宅階層が異なる地区をまたがない通学区域が設定されたと解釈できる。なお，2003年度から2012年度に「学校選択制」を利用した場合，特別支援学級での指導を希望した場合は，地区外の児童でも愛宕地区の小学校に通学することは可能であった。

された「多摩ニュータウンにおける住宅の建設と地元市の行財政に関する要綱」で，「一住区は原則として一中学校，二小学校をもって構成する」（多摩市史編集委員会 1998：690）とされていた。

　ところが，2014 年の通学区域変更で，この原則が崩された。賃貸・公営団地地区の愛宕（G 地区）の児童と，混在地区の百草・落川・和田の一部（F 地区）の児童が，同じ愛和小に通学することになったのである。したがって，愛宕を含む通学区域変更は，通学区域変更が住宅階層間の対立を先鋭化するのか，あるいは，住宅階層の垣根を越えた地区間の連帯の契機となるのかを検討する格好の事例となるのである。そこで次項では，通学区域変更計画検討の経過について，とくに東・西愛宕小に着目することで，この点を検討していく。

（2）　通学区域変更計画検討の経過
①　先送りされ続ける対応

　多摩市は，1986 年に「多摩市学区調査研究協議会」（以下，協議会）を設置，児童数減少への対応を開始した。協議会は，1991 年 3 月に「多摩市立小・中学校における適正な通学区域について」を教育委員会に答申した（多摩市史編集委員会 1999）。これは，全市域を通学区域変更の対象として 4 分割し，学校規模の差が大きいエリアから優先的に検討するものであった。図 4 - 2 からも明らかなように，この段階ですでに，東・西愛宕小の児童数は減少傾向にあったが，答申に基づく検討は頓挫する。地域社会から大反対を受けたのである。

　その理由は，行政職員への聞き取り調査によると二つある。第 1 に，全市域を 4 分割する際，ニュータウン通り以北，A〜H 地区とこれに隣接する多摩第三小の通学区域という広大な空間を一つのエリアとしたためである。そのため，各学校の通学区域から一斉に反対の声が上がった。第 2 に，教育委員会が多摩第三小と東愛宕小を廃校にし，西愛宕小と統合するという，地域の歴史を軽視した案を提示したためである。多摩第三小の通学区域は，混在地区である乞田・貝取を主とし，第 6 章で述べられているように，古くからの共同性が残るほか，学校の歴史は明治期にまで遡ることができる。そのため，地域住民から，「古い学校なのに，ニュータウンの学校に入れるっていうのは何事だ」という

強硬な反対にあったのである。

　さらに，行政職員によれば，通学区域変更の実務は，担当参事1名が係長1名と担当1名からなる係2つを統括する，5人体制で担っていた。他の自治体職員が視察に訪れた際には，「そこまでの人員はこのことに割けない」と言われるほどの体制ではあるものの，同時に2地区の検討で手一杯であったという。

　こうした事情により，具体的な検討は，協議会にかわって2003年7月に設置された，「多摩市立学校の一定規模及び適正配置等に関する審議会」（以下，審議会）の，第3期が開始される2009年5月まで，実に20年近く先送りされたのである。

②　具体的な検討の開始と計画の決定

　第3期審議会の段階では，東・西愛宕小を統合しても，児童数の確保が困難な見通しであった。そこで，教育委員会は，隣接校との通学区域変更を模索した。協議会を踏襲すれば，多摩第三小がその候補となるが，東・西愛宕小と多摩第三小の通学区域の大部分は，東愛宕中学校の通学区域に含まれるため，いずれ東愛宕中学校の生徒数減少につながること，以前多摩第三小の統廃合案が強硬な反対にあったことなどから，多摩第二小との通学区域変更が検討された。

　これに対し，多摩第二小の保護者は強い不満を抱いた。当時，多摩第二小は竜ヶ峰小との統合直後で，老朽化した校舎の建て替え問題も抱えており，これらに対する行政の対応に不信感を抱いていた。そのため，さらなる問題が持ち込まれることは，多摩第二小保護者の感情を逆撫でし，抗議の意味を込めて審議会に代表者を参加させなかった（多摩市教育部学校支援課2009b）。そして，オブザーバーとして審議会に参加した際には，強い不満を表明，他校の代表者から一定の理解も得られた。そのため，多摩第二小を含めての検討は一旦「凍結」となった。最終的に，児童数確保の問題を抱えつつも，2014年度に東・西愛宕小を統合することだけが決定，多摩第二小との通学区域変更は今後の課題とすることが答申された（多摩市立学校の一定規模及び適正配置等に関する審議会2009）。

　学校統廃合の具体案について，教育委員会で検討が進む中，2011年5月の児童数推計で，多摩第一小の児童数が施設規模を超える見通しが発覚した。そ

こで，教育委員会は，12月に「既存地区3小学校（第一小・第二小・東寺方小）及び愛宕地区統合新校教育環境整備計画」を急遽決定，先述した3段階での通学区域変更の方針を明らかにした。この計画に対し，B・D地区の通学区域変更については，比較的反対が少なかった。ただし，B地区は，歴史的経緯と通学路が踏切を横断することから，既存住民が難色を示したため，「特例地区」とされ，希望者には多摩第一小への通学を認めることで解決が図られた。ところが，F地区の通学区域変更については，不満が噴出する。まず問題となったのは，校舎建て替えの中止である。多摩第二小の保護者は，自らが主動して校舎建て替えのワークショップを開催，教員や住民の参加も得て計画をまとめ（多摩市教育部教育振興課施設係2009），2011年2月には，4月からの建て替え事業開始に漕ぎ着けた（多摩市立多摩第二小学校2011）。ところが，3月の東日本大震災の影響で，事業が中止された。これに不満を抱いた保護者は，2011年12月，1,126名の署名入りで中止反対の請願を教育委員会に提出した。しかし，その審議が進む頃には社会情勢が好転，建て替えの目途がついたため，請願は不採択となる（多摩市教育委員会2012a）。だが，保護者主動で立案した計画とは別の計画が打ち出された（多摩市立多摩第二小学校2012）。くわえて，一旦「凍結」された通学区域変更が，わずか2年で議論の俎上に載るという，朝令暮改ともいえる状況が繰り返されたことで，不満が増幅したのである。

　一方，教育委員会は，2012年4月には，全市的な方針である「多摩市立学校の通学区域制度の見直しにあたっての指針」を策定した。その過程で学校選択制を廃止，指定校への就学を原則とする「条件付学校希望制」に移行したほか，協議会・審議会で審議が予定通り進まなかった反省から，審議会を廃止した。これにより，計画の検討は，地区代表や有識者等を交えた協議会・審議会ではなく，説明会，意見交換会，保護者アンケート，パブリックコメントによる市民参加を得つつ，教育委員会主動で行われた。そのため，こうした場で多摩第二小の保護者から不満が噴出，教育委員会側の対応が不満・怒りを増幅さ

5）記録は残っていないが，昔の担当者が「踏切を横断する通学路は設定しない」旨を約束したという。

せ，反対運動につながった。2012年10月，多摩第二小保護者は，前回を上回る1,477名の署名入りで，計画反対の請願を提出したが，不採択となった。そして2012年11月，第2・第3段階の計画がほぼ原案通りに決定した。ただし，保護者の強い不満に配慮し，2014年度の2年生以上には経過措置を設け，希望者には多摩第二小への通学を認めることで解決が図られた。

③　通学区域変更反対の理由

では，多摩第二小の保護者は，どのような理由で計画に反対したのだろうか。請願の内容からは，三つが読み取れる。第1に，通学区域の新たな線引きが，既存の地区や，自治会や青少年問題協議会（以下，青少協）などの地域組織を分断すること。第2に，F地区の変更が，在校生を含め，地区の児童全員が転校するという「一斉移動方式」で行われること。第3に，計画案が説明のたびに変わった点への不信・不満である（多摩市教育委員会2012b）。[6]

一見すると，これらの理由は実にもっともらしい。だが，これらは，反対の「真の」理由ではない。そう考える理由は二つある。第1に，地区や地域組織の分断はD地区の通学区域変更でも発生するが，F地区だけが問題化しているため。第2に，一斉移動方式では，慣れ親しんだ学校とそこで築かれた関係は分断されるものの，地区内の保護者や児童の人間関係という地域―学校関係の一面は維持されるためである。そこで，「真の」理由を明らかにするために，パブリックコメントや説明会での発言をみると，多摩第二小の保護者が，東愛宕小の学級崩壊，愛宕の雰囲気や環境，設備等の問題を懸念し，愛宕に忌避感を抱いていたことが浮き彫りになる。

> 地元の意見を耳にすると愛宕方面の印象が正直良くない。昔からいる人は昔の印象を持っている可能性もあるが，愛宕方面の不審者情報が絶えないこと，東愛宕小の学級崩壊の話を聞いたことがあり，実際に転籍するよ

---

6)「小学校調査」の自由記述回答をみると，ある保護者はこれを「二転三転」と捉えているが，行政側への聞き取りに基づくと，これは行政側が住民の意見を受けて，計画をその都度見直した結果でもある。これは両者の意思疎通の齟齬を示すものだといえる。

うな事態もあるような状況を聞いている。(多摩市教育委員会 2012d: 8)

　愛宕地域は，人通りが少なく，極めて死角が多く，女児をもつ親として大変不安を持っています。愛宕緑地は，薄暗く，愛宕公園は遊具も少なく，子どもの声が一切しない。子どものいない団地群が多く点在する状況になっており，小学生を巻き込んだ何か事件が起きるのではないかと，恐ろしくて，不安でいっぱいです。単なる数合わせではなく，どのような街づくりをして，この地域を活性化していくのか。そういう点も含めて議論をしていただきたいのですが，学校周りの小さな改善でごまかしている感があり，あまり地域活性化という広い視点では，説明がありません。また，愛宕地域は，多摩市から見捨てられた地域ともいう扱いと捉えています。道もガタガタ（凸凹が激しい，アスファルトはツギハギだらけ），路肩の雑草はいつまでも処理されず，はげたり，折れ曲がったガードレールが十年近くそのままになっています。このような，明らかに差別的な扱いを受けている地域に子ども生活の拠点を置くことを強制させられるのは大変遺憾です。(多摩市教育委員会 2012c: 3)

　一方，愛宕の地域関係者と東・西愛宕小の保護者側は，両校と同じ東愛宕中学校の通学区域に含まれることから，多摩第三小との関係は従来から深い半面，多摩第二小との関係は希薄であった。そのため，多摩第二小との通学区域変更案が唐突に浮上したことに戸惑いつつも，統合後の学校に愛宕以外の児童も通うようになることは歓迎こそすれ，忌避感を抱いている様子はみられない[7]。
　さらに，第3期審議会では，統合後の学校で「魅力ある学校づくり」を行う方策が議論されており，2012年11月に策定された計画にも盛り込まれた。そ

---

7) ただし，愛宕地区との通学区域変更に対し，多摩第三小からは大反対を受け，多摩第二小からも嫌だと言われることに対し，愛宕地区選出と思われる委員が「私たちニュータウンの学校って何なのと，ちょっとひねくれちゃう，ちょっとひがんでいる」（多摩市教育部学校支援課 2009a: 19）と発言をしており，既存地区の学校に対して卑屈になっていることが読み取れる。

してそれは，2013年3月には「『(仮称) 愛宕地区統合新校』ピア・サポートプログラム」として結実，通学区域変更直後でも，一定の教育環境の向上は図られる見通しは立っていたのである。

こうした状況にも関わらず，F地区の通学区域変更だけが問題化したという事実は，多摩第二小の保護者は，表面上は愛宕の雰囲気や環境，設備等を問題視しつつ，実際には，そこに住む社会階層の低い住民に対し，一方的に忌避感を抱いたものと解釈できる。しかし，こうした理由による反対は，非論理的・差別的で根拠に欠けるため，地区・地域組織の分断や，行政に対する不信・不満が表向きの反対理由となったと考えられる。つまりこれこそ，2節(3)で述べた「通学区域変更問題という様相で表面化する住宅階層問題」だと捉えられるのである。以上の分析から，今回着目した通学区域変更は，その検討段階においては，住宅階層間の対立を先鋭化するものであったといえるだろう。

4　地区間の社会経済的格差と通学区域変更への賛否

前節では，通学区域変更計画検討の経過を検討することで，「通学区域変更問題という様相で表面化する住宅階層問題」を捉えることができた。そこで，本節では，この状況をより明確に捉えるために，「小学校調査」データを用いた量的分析を行う。[8]

表4-2は，各地区の社会経済的格差の状況を把握するため，父親および母親の教育年数，平均世帯年収，所有文化財数，蔵書冊数の平均値と持ち家比率を地区ごとに示したものである。なお，次の変数の作成方法については，若干の説明が必要である。まず，教育年数は，「最後に卒業した学校」を尋ねた設問から推計した。次に，所有文化財数は，「子ども部屋」「子どもの学習机」「ピアノ」「電子ピアノ」「文学全集」「図鑑(電子書籍でないもの)」「パソコン」「美術品・骨董品」「地球儀」という，子どもの教育に関連する9つの文化

---

[8] 調査概要については序章を，通学区域変更に関連した設問の単純集計は，井上(2017)を参照されたい。

表 4-2　各地区間の社会経済的格差の状況

通学区域	変更前↓変更後	A 多摩第一↓多摩第一	B 多摩第一↓東寺方	C 東寺方↓東寺方	D 多摩第二↓東寺方	E 多摩第二↓多摩第二	F 多摩第二↓愛和	G・H 東・西愛宕↓愛和	市内の指定校以外に通学	国立・私立に通学	全体	有意水準
該当世帯数		180 世帯	22 世帯	68 世帯	9 世帯	104 世帯	66 世帯	19 世帯	40 世帯	18 世帯	570 世帯	—
父教育年数		15.1 年	15.2 年	15.3 年	14.9 年	14.5 年	14.4 年	13.0 年	14.8 年	15.2 年	14.8 年	***
母教育年数		14.3 年	14.2 年	14.4 年	14.0 年	14.0 年	14.0 年	13.2 年	14.4 年	14.4 年	14.2 年	n.s.
持ち家比率		89.3%	95.5%	79.1%	62.5%	77.7%	92.1%	31.6%	71.8%	88.9%	82.4%	***
世帯年収		804 万円	764 万円	836 万円	656 万円	668 万円	649 万円	419 万円	591 万円	1110 万円	737 万円	***
所有文化財数		4.4 個	4.2 個	4.4 個	4.1 個	4.1 個	4.2 個	3.0 個	3.5 個	5.2 個	4.2 個	***
蔵書冊数		114 冊	134 冊	146 冊	58 冊	98 冊	99 冊	54 冊	120 冊	191 冊	114 冊	**

***: $p<.001$, **: $p<.01$
注1：個人が特定されることを防ぐため，G地区とH地区の値は合併したが，両地区の結果に有意差はない。
注2：全体の値は，居住地区・通学区域が不明な回答者の値を含む。

財の所有状況を尋ねた設問を用いて作成した。最後に，蔵書冊数は，「0冊〜10冊」「11冊〜25冊」「26〜100冊」「101〜200冊」「201〜500冊」「501冊以上」の6段階で尋ねた設問を，選択肢の中央値で置換した値を用いて作成した。

　分析結果をみると，母教育年数以外の変数で，有意差が見出せる[9]。なかでも，変更前の通学区域と世帯年収の間に，明確な関連がある点は注目に値する。この関連に基づくと，A〜H地区は三つにグループ化できる。すなわち，高所得の旧多摩第一小・旧東寺方小（A〜C地区），所得が中程度の旧多摩第二小（D〜F地区），低所得の旧東・西愛宕小（G・H地区）という3グループである。所有文化財数や蔵書冊数についても，類似の傾向が見出せる。

---

9) 小学校調査では，対象となった通学区域・学年の全児童の保護者に対し，全数調査を行った。そのため，一部のサンプルから，調査対象である母集団全体を推測するために用いるランダム・サンプリングと，その際の精度を示す指標の一つである有意水準は，本来的には意味を持たない。しかし，尾嶋編（2001）に倣い，もしランダム・サンプリングが行われたとすれば，どの程度統計的な意味があるかの目安として，この値を用いる。

では，通学区域変更が行われた地区は，変更にともなって，どのグループへと移動したのだろうか。変更前の通学区域を基準とすると，B地区は，変更後も所属グループの変化はなく，年収的にもほぼ水平の移動である。これに対し，D地区は上昇移動，すなわち世帯年収が高いグループに移動した一方，F地区は下方移動，すなわち世帯年収が低いグループに移動したのである。前節でも述べたように，通学区域変更が大きく問題化したのは，F地区だけであった。したがって，住民が問題化したのは，上方移動ではなく，下方移動をともなう通学区域変更だといえよう。この結果は，住宅階層問題の根深さを物語っている。

　F地区の住民の不満の大きさは，92.1％という持ち家比率の高さからも推測できる。これらはすべて戸建て住宅で，F地区は戸建て比率がもっとも高い地区である。これは，3節（1）で述べたように，F地区に建設された比較的安価な戸建て住宅に，子育て世代が流入しているためである。

　こうした地区に居住する保護者の思いは，「小学校調査」において「通学区域変更について思うこと」を尋ねた自由記述回答欄に記されている。F地区に居住するも，愛和小には通学していない，ある児童の保護者は，この欄に，「学区を考えて家を購入したが，住人の許可もなく通学区域を変更された」と怒りを込めて記している。他の回答者も，多くの家庭が通学区域を考慮して住宅を購入していることや，希望の学校に通えなくなること，それを防ぐため，転居を迫られたことに対する不満や怒りを記している。

　以上のことから総合的に考えると，F地区の保護者は，子どもの通学先まで考えた持ち家の購入というつましい努力を，一瞬で無に帰すような政策が唐突に立案されたことに対し，不満を覚えたのだろう。しかも，それによって学級崩壊の噂があるような学校への通学を強いられることは，強い怒りにつながるであろうということは想像に難くない。しかも，F地区を含めた多摩第二小の保護者は，以前から多摩市に対して強い不信・不満を抱いてきた。そのため，保護者の思いは反対運動や請願という形で昇華し，問題化したと解釈できる。

5 住宅階層問題の超克

(1) 通学区域設定における排除的側面

これまでの流れを整理しよう。先行研究の検討を通じ，住宅階層問題は通学区域変更問題という様相で表面化することが予想されていた（2節）。その様相は，通学区域変更計画検討の経過を検討することで確認できた（3節）。そして，量的調査の分析は，それが，下方への移動を強いられる地区においてのみ発生したことを明確に示していた（4節）。

量的調査の分析に基づくと，通学区域変更によって，年収の低いグループへの下方移動を求められたのは，F地区のみで，他の地区は，通学区域が変わっても，水平または上方へと移動していた。その結果，F地区の保護者は通学区域変更に強く反発，F地区を含む多摩第二小の通学区域では反対運動が展開され，計画反対の請願を提出するに至ったのである。

本章の事例からは，住宅階層問題が発生している地区を含む通学区域変更では，地区間の融和・連帯が促進されるのではなく，地区間の分断・対立が先鋭化することが明らかになった。それと同時に，住宅階層問題は，地区間の融和・連帯に対する深刻な阻害要因であることが明らかになった。つまり，住宅階層問題が発生している地区を含む通学区域変更では，住宅階層の低い人を忌避し，隔離・排除しようという人びとの意識が表面化するという，通学区域設定における排除的側面が浮き彫りとなったのである。

(2) 排除を超えて——住宅階層問題の超克

本章が着目した事例では，新たな通学区域の線引きが，既存の地区や地域組織を分断した。この点は，眼前の地域づくりという点では大きな阻害要因であることは疑いない。だが一方で，こうした「荒療治」によって，従来は接点すら少なかった，住宅階層が異なる地区の児童の間に，新たな交流を生みつつある点は，高く評価できる。

新たな通学区域が，既存の地区とは無関係に設定されたことで，愛和小は，

「ニュータウンの学校」から，多様な背景を持つ児童が通学する学校に転じた。これによって，愛和小では，住宅階層というエゴイスティックで，狭小なローカリズムに基づいた地域社会の垣根を超えた，児童の交流が生まれている。学校の教員への聞き取り調査でも，これを「自分の置かれている環境だけが当たり前じゃないんだっていうのをお互いにわかることは，すごく大きなこと」と，教育上のメリットとして肯定的に評価している。

だが，こうした交流が，さらなる対立や，陰湿ないじめを誘発する可能性も否定できない。実際，学校の教員は，家庭環境の違いに基づく考え方や文化の違いによって，転校後の学校になじめない児童がいることや，通学区域変更によって，児童の学力や意欲に大きな差が生じたと感じている。児童の学力について付言すると，愛和小でG・H地区の児童よりF地区の児童が増えれば，学力の指標であるテストの平均点は上昇するだろう。だが，それは，相対的に豊かで，学力が高く，向学校的な児童が居住すると考えられる地区を，通学区域変更によって組み入れるという，「学校空間のジェントリフィケーション」ともいえる状況が生じさせたもので，必ずしも個々の児童の学力向上を意味するものではない，という点には留意すべきである。むしろ，学力の低い児童の存在が数字の上で不可視化されること，人数比の逆転によって，そうした児童がいじめの対象となる可能性が懸念される。

こうした事態に対しては，十分なケアやサポートが必要である。学校の教員への聞き取り調査によれば，その具体的な例として，学校統廃合に向けて事前に行われた交流会があげられる。これは，東・西愛宕小の児童だけではあるが，特別活動の時間に，学校全体あるいは学年で一緒に遊ぶ機会で，3回ほど設定されたという。しかし，こうした取り組みを実施してもなお，学校統合後は，児童間に「元愛和小」・「元西愛宕小」という「心の壁」のようなものがあったという。だが，それも，児童が共通体験を積み重ねることで，徐々に取り払われつつある。愛和小のある学年は，宿泊行事で野外体験学習を経験し，男女別とはいえ，学年全員が大部屋で寝食を共にした結果，最終日には，西愛宕の子と愛和の子が「もっと仲良くなれた気がしました」という児童の発言が聞かれるようになったという。これは教員による適切な働きかけが，児童間の交流や

融和を促進すると解釈できるだろう。

そして，こうした児童間の交流は，地区を超えた保護者の関係も生みつつある。愛和小では，PTA 発足準備委員会が発足し，その議論の場では各地区の保護者の意見が均等に出るよう配慮されているという。これは，「子どもや学校のため」という共通の目的意識によって，住宅階層の異なる保護者間の融和が進みつつあるものと解釈できよう。こうした関係はまだ構築途上であり，その先行きは不透明ではあるが，子どもたちによる地域社会の垣根を超えた交流が，将来的には地区間の融和・連帯につながることを期待したい。

（3） 悲劇を繰り返さないために

最後に，F 地区のような事態を引き起こさないためにはどのようにすればよいのかについて，本章の知見に基づいて三つの点を述べて，まとめとしたい。

第 1 に，長期的視野をもった地域政策の重要性である。本章の知見は，序章で述べられていた，「現地に住む人びとの定住意向を尊重した上で，彼ら／彼女らの"現住地での"生活の『持続可能性』を模索」する政策に対して警鐘を鳴らす。もし，こうした地域施策が，単に地図上での線引きや配置転換を図るだけで，長期的な視野を欠いた状態ならば，現実にその地域に居住する人びとの関係づくりや連携，すなわち政策的にも謳われているようなコミュニティ形成にはつながらない。その悪しき例が，「走りながら考える」ような長期的視野を欠いた計画を遂行した結果，住宅階層問題と，慢性的な少子化，子育て世代の流入の少なさによって，本章が着目したような事態を招いた，多摩ニュータウン計画である。

第 2 に，十分な検討時間と議論の機会を確保する重要性である。愛宕の児童数の問題は，第 3 期審議会の開始を基準とすれば，問題への対応としての通学区域変更が決定される 3 年半前，第 1 期審議会の開始に遡れば 9 年 4 か月前，協議会の答申が問題を指摘した時点に遡れば，21 年 8 か月も前に認識されていた。それにも関わらず，通学区域変更はあまりに短期間で決定され，実施まで猶予のないものであった。3 節（2）③でみたように，決定が急がれた反面，住民が十分納得することや，合意形成は軽視され，行政—住民間の意思疎通が

図られていたともいい難い。当事者である愛宕の住民ですら，唐突な通学区域変更案に戸惑っていたが，井上（2017）によれば，5割を超える保護者が，計画検討段階での合意形成や，意思疎通が不十分だったと感じていることが明らかである。確かに2011年5月の段階では，事態が急を要していたことは事実だが，事態が急を要する前に，何らかの対応は取れたはずである。

　では，なぜ問題は先送りされたのだろうか。ここでは，問題意識や将来像が共有できなかった可能性を指摘したい。学校統廃合問題を「街づくりの誤算」と厳しく断罪した若林は，多摩市の学校統廃合をニュータウンの問題だと捉えた。だが，当事者である住民もまた，「ニュータウンの学校の問題」として認識し，「多摩市の学校の問題」とは認識しなかったことが，行政文書や住民の発言などからはうかがえる。そして，計画の唐突さ，不十分な合意形成と意思疎通が，行政―住民間の問題意識や将来像の共有を阻んだのである。地区の問題を特定の地区だけのものとして捉えず，各地区が我が事として捉え，問題意識の共有を図ること，そして，問題意識や将来像を行政―住民間で共有し，意思疎通を十分に図ることの重要性，これが第3の指摘である。

　通学区域変更を含め，少子化と人口減少への対応としての地域政策は，今後さらに重要性を帯びてくる。だが，それにともなうコストは，住民に押し付けてよいものではない。多摩市は，通学区域変更にともなう困難に直面する人びとに対し，十分以上にアフターケアを行う必要があるだろう。ある地域関係者は，これまで住民が積み上げてきたものに対して，「リスペクトしてもらいたい部分ってある」と語っている。エゴイスティックで狭小なローカリズムは，行政による「荒療治」でしか打破できないのだろうか。地域を「リスペクト」するような行政側の対応や政策によって，地区間の融和・連帯が進むことを期待したい。

　本章は，今後通学区域変更が進展する蓋然性の高い，大都市郊外における，通学区域変更問題という様相で表面化する住宅階層問題を捉えたことで，単に，通学区域変更における社会経済的要因の影響を解明しただけでなく，次の点を指摘した点で大きな成果が得られた。それは，通学区域変更に対する人びとの対応は，住宅階層間の分断・対立を先鋭化するものの，次世代を担う子どもた

ちの交流が，住宅階層間の融和・連帯を促進する可能性があるという点である。だが，それが奏功するのかについては，今後の研究が必要となるだろう。

謝辞

「小学校調査」実施に際し，(公財)日本科学協会平成 27 年度笹川科学研究助成(研究番号: 27-129，助成者: 井上公人)の援助を受けました。また，聞き取り調査に際し，行政・学校・地域組織等の関係者の皆様にご協力を賜りました。厚く御礼申し上げます。

参照文献

千葉正士，1962，『学区制度の研究——国家権力と村落共同体』勁草書房．

Esping-Andersen, Gøsta, 2006, "Social Inheritance and Equal Opportunity Policies," Hugh Lauder, Phillip Brown, Jo-Anne Dillabough and Albert H. Halsey, eds., *Education, Globalization and Social Change*, Oxford: Oxford University Press, 398-408. (＝ 2012，小内透訳「社会的相続と機会均等政策」苅谷剛彦・志水宏吉・小玉重夫編訳『グローバル化・社会変動と教育 2 ——文化と不平等の教育社会学』東京大学出版会，19-35.）

Heckman, James J., 2006, "Skill Formation and the Economics of Investing in Disadvantaged Children," *Science*, 312: 1900-2.

平沢和司・古田和久・藤原翔，2013，「社会階層と教育研究の動向と課題——高学歴化社会における格差の構造」『教育社会学研究』93: 151-91．

井上公人，2017，「人口減少期の大都市郊外における通学区域変更にみる地域—学校関係——多摩市における保護者の否定的回答と『無関心』の分析」『応用社会学研究』立教大学社会学部，59: 291-310．

伊佐夏実，2010，「公立中学校における『現場の教授学』—— 学校区の階層的背景に着目して」『教育社会学研究』86: 179-99．

石田光規，2015，『つながりづくりの隘路——地域社会は再生するのか』勁草書房．

苅谷剛彦，2000，「学習時間の研究——努力の不平等とメリトクラシー」『教育社会学研究』66: 213-30．

苅谷剛彦，2001，『階層化日本と教育危機──不平等再生産から意欲格差社会へ』有信堂高文社．

まち・ひと・しごと創生本部，2014，「まち・ひと・しごと創生総合戦略」，地方創生総合情報サイト，（2017年2月24日取得，http://www.kantei.go.jp/jp/singi/sousei/info/pdf/20141227siryou5.pdf）．

三橋浩志，2015，「人口減少社会における都市圏の学校再編と都市政策の関係」『日本地域政策研究』15: 20-27．

宮澤仁，1996，「東京都千代田区における区立小学校の『再編成』と住民運動の展開」『地理科学』51(2): 109-26．

文部科学省，2008，「教育振興基本計画」，文部科学省ホームページ，（2017年8月7日取得，http://www.mext.go.jp/a_menu/keikaku/detail/__icsFiles/afieldfile/2013/05/16/1335023_002.pdf）．

文部科学省，2011，「廃校施設活用状況実態調査の結果について」，文部科学省ホームページ，（2016年7月31日取得，http://www.mext.go.jp/b_menu/houdou/23/09/__icsFiles/afieldfile/2011/09/16/1311255_1_1.pdf）．

文部科学省，2013，「教育振興基本計画」，文部科学省ホームページ，（2017年8月7日取得，http://www.mext.go.jp/a_menu/keikaku/detail/__icsFiles/afieldfile/2013/06/14/1336379_02_1.pdf）．

文部科学省，2017，「廃校施設活用状況実態調査の結果について」，文部科学省ホームページ，（2017年8月6日取得，http://www.mext.go.jp/b_menu/houdou/29/01/1381024.htm）．

村中知子，1973，「学校統合と住民運動──岩手県下閉伊郡岩泉町の事例」『教育社会学研究』28: 173-86．

尾嶋史章，2001，『現代高校生の計量社会学──進路・生活・世代』ミネルヴァ書房．

酒川茂，2004，『地域社会における学校の拠点性』古今書院．

竹中英紀，1998，「ニュータウンにおける住宅階層問題の構造」倉沢進先生退官記念論集刊行会編『都市の社会的世界──倉沢進先生退官記念論文集』247-65．

多摩市，2011，「既存地区3小学校（多摩第一小・多摩第二小・東寺方小）及愛宕地区統合新校 教育環境整備計画」多摩市公式ホームページ（2013年12月2日取得，

https://www.city.tama.g.jp/plan/949/014375.html）．

多摩市，2012，「多摩第二小学校・東愛宕小学校・西愛宕小学校，和田中学校・東愛宕中学校の通学区域の変更，学校統合に関する計画」多摩市公式ホームページ（2013年12月2日取得，http://www.city.tama.lg.jp/plan/949/017396.html）．

多摩市教育部学校支援課，2009a，「平成21年度第7回多摩市立学校の一定規模及び適正配置等に関する審議会（第3期）会議録」．

多摩市教育部学校支援課，2009b，「平成21年度第8回多摩市立学校の一定規模及び適正配置等に関する審議会（第3期）会議録」．

多摩市教育部学校支援課，2009c，「平成21年度第9回多摩市立学校の一定規模及び適正配置等に関する審議会（第3期）会議資料 資料32 過去の統合に係る事実経過等について」．

多摩市教育部教育振興課施設係，2009，「多摩第二小学校建替えプランづくりワークショップ」，多摩市公式ホームページ，（2016年11月29日取得，http://www.city.tama.lg.jp/plan/949/007123.html）．

多摩市教育委員会，2012a，「平成24年多摩市教育委員会第4回定例会会議録」．

多摩市教育委員会，2012b，「平成24年多摩市教育委員会第19回定例会議案書」．

多摩市教育委員会，2012c，「『多摩第二小学校・東愛宕小学校・西愛宕小学校，和田中学校・東愛宕中学校の通学区域の変更，学校統合に関する計画』（原案）に対するパブリックコメントの実施結果について」．

多摩市教育委員会，2012d，「多摩第二小学校・東愛宕小学校（愛宕地区統合新校）通学区域の変更に関する保護者説明会の概要」．

多摩市立学校の一定規模及び適正配置等に関する審議会，2009，「通学区域の見直し等について――東愛宕小学校及び西愛宕小学校並びに多摩第二小学校の通学区域の一部の見直し等（答申）」．

多摩市立多摩第二小学校，2011，「新しい多摩第二小学校のあゆみ（その4）」『たまにしょう 多摩市立多摩第二小学校 学校だより 平成22年度第17号』，多摩第二小学校ホームページ，（2016年11月29日取得，http://www.tama.ed.jp/tamadai2/pdf/tatekae/110221tama2ayumi4.pdf）．

多摩市立多摩第二小学校，2012，「不便を乗り越え，未来をめざす」『たまにしょう 多摩

市立多摩第二小学校 学校だより 平成23年度第14号』，多摩第二小学校ホームページ，（2016年11月29日取得，http://www.tama.ed.jp/tamadai2/pdf/tatekae/20120227tayori_tatekae.pdf）．

多摩市史編集委員会，1998，『多摩市史 資料編4 近現代』多摩市．

多摩市史編集委員会，1999，『多摩市史 通史編2 近現代』多摩市．

田中孝彦・山本由美・東久留米の教育を考える会，2007，『地域が子どもを守る――東京・東久留米の学校統廃合を考える』ケイ・アイ・メディア．

若林敬子，2012，『学校統廃合の社会学的研究 増補版』，御茶の水書房．

屋敷和佳，2012，「小・中学校統廃合の進行と学校規模」『国立教育政策研究所紀要』141: 19-41．

第Ⅱ部　持続可能な地域生活にむけて

第Ⅱ部扉写真　撮影：大槻茂実（上），井上公人（下）

第5章 認知症高齢者を支える見守りと つながりのかたち

井上修一

1 認知症・行方不明者1万人社会の現実と見守りのかたち

（1） 本章の目的

　内閣府は，2012年に認知症患者数が462万人いると報告した。その数はさらに増加し，2025年には約700万人（65歳以上の5人に1人）が認知症になるという。まさに，認知症は誰しもが直面する身近な問題といえる。さらに深刻な問題として，認知症による徘徊行方不明者が1万人を越えながら増え続けている現状がある（警察庁 2016）。こうした現実に，社会はいまだ解決策を見出せずにいる。

　もっとも，認知症の理解者を増やす取り組みも進んでいる。その一つとして，認知症サポーター養成講座が全国で開催されている。認知症サポーターは，2017年6月30日現在で，900万人を超えた。気づけば認知症サポーターの養成数が認知症患者数を上回っているにも関わらず，なぜ認知症による行方不明者が解消されずに増え続けているのか。後述するが，地域で認知症の理解者を活かしきれていない現状も明らかになっている。

　そこで本章では，認知症による徘徊高齢者への対応を手がかりに，認知症高齢者が地域で暮らし続けるための見守りとつながりのかたち（＝持続可能な地

---

1) 認知症サポーター養成講座は，都道府県・市町村等の自治体や職域団体・企業，町会・自治会等と特定非営利活動法人「地域ケア政策ネットワーク全国キャラバンメイト連絡協議会」の協働で行われ，養成講座を受講した人が，「認知症サポーター」となる。(http://www.caravanmate.com/)

域生活のあり方）について検討していく。

（2） 分析の視点

　東京都福祉保健局（2016）は，高齢者の見守りを，住民等による「緩やかな見守り」，町会やボランティアによる定期的な「担当による見守り」，専門職が直接対応する「専門的見守り」に分けている。これらはそれぞれ一長一短の側面をもつ。たとえば，住民の「緩やかな見守り」は，個人情報の取り扱いに注意したり，専門機関につなげたりする専門的知識や行動がともなわなければ，実行力のある見守りになりにくい。一方，「専門的見守り」は，援助提供の一場面の関わりであり，それ以外の日常生活の様子を把握することが難しい。その点で，在宅生活を継続するための日常生活の把握は重要な論点となろう。

　また，見守り活動をはじめとした「専門性」の議論では，専門職としての「専門性」だけではなく，「地域福祉の問題に関する専門性」が問われるという論点もある（秋元 2011: 71）。地域福祉には，地域で暮らし続けるために，そこに住む住民が助けあって，その地域に合うやり方で暮らしにくさを解決しようという特徴がある。つまり，地域福祉の専門性には，地域の社会資源を熟知し，それらを分析的に捉え，組み合わせて解決を図る能力が必要だ。

　以上の先行研究を踏まえると，認知症になっても地域で暮らし続けていくためには，「個別性」「日常性」「専門性」の視点が必要であると考えられる。そこで以下では，上記の三つの視点についてより詳しく説明していく。

　「個別性」とは，認知症本人を識別し，個別に対応することである。見守りを実践するさいには，本人の異変を察知することが不可欠である。しかし，地域の防災無線で顔を知らない高齢者を，年齢や身長，髪型，服装などの限られた情報から探し当てることは難しい。多摩市も含め，捜索のために協力者にメール配信をしている自治体もあるが，本人の顔写真の添付については判断が分かれている。しかし，見守る対象を個別に識別できなければ，実行力のある見守りとは言えない。どのように，個人を見守り，つながっていけるか。それには，地域住民が見守る対象者の情報をつかみ，共有する視点が欠かせない。まさに，個人情報を共有しつつ限定して活用する視点が求められる。

「日常性」とは，日常の生活のなかで本人の異変をキャッチすることである。普段の様子を知らない地域住民が本人の異変に気づくことは難しい。異変を察知するためには，周りの人たちの日頃の様子を把握することが重要となる。そのためにも，見守る人たちや組織が日常的に機能できるようにしなければなるまい。

「専門性」とは，地域で適切に見守り，つながるための知識や技術を意味する。対象者の異変に気づいた際，見守る側が専門機関に連絡できるか。また，対象者の個人情報を護りながら，いかに一般市民と共有できるのか。さらに，専門機関の情報とともに，認知症高齢者とのコミュニケーション方法や個人情報保護の観点から，専門性を帯びた適切な行動，判断が必要になる。その際，必ずしも見守る側は専門家でなくても良いが，異変を察知した者が，専門機関につなげられる知識があるということ，守秘義務等，倫理的判断が問われる。ゆえに，見守りが実行力をともなうためには，認知症高齢者に対する専門性を帯びた知識，行動や判断が不可欠である。

本章では，「個別性」「日常性」「専門性」の視点で，地域住民による見守り，徘徊SOSネットワークの活動，当事者組織によるつながりと見守りを検討する。「個別性」「日常性」「専門性」から，見守り活動を構造的に捉えることで，つながりあう見守りのかたちを提示することができる。なお，それぞれの活動は，多摩市で取り組まれている活動でありながら，全国的にも認知症高齢者を見守り，支える活動として共通して議論できる活動でもある。

2 認知症高齢者を見守る地域住民のまなざしの光と影

(1) 見守る側に求められる専門的力量

見守る側には何らかの専門的力量が求められる。そのため，多摩市では，高齢者の「見守りサポーター〈TAMAみまもり隊〉」養成研修が進んでいる。研修では，高齢者の見守りの方法，気づきのポイントが体系的に提示される。さらに，異変に気づいたあとの対応として，エリアごとの地域包括支援センターや高齢支援課の連絡先が共有される。

一方，見守られる側の高齢者は，一人暮らしなど，身近に頼れる人がいない

場合が少なくない。身近に頼れる人がいない方を支えるには，適切な支援につなげることが不可欠である。見守る側が本人の異変に気づいて，適切な支援につなげたり，支援ネットワークのなかにいる当事者を実感することができなければ，当事者の存在を脅威に感じるであろう。まさに，見守る側の力量が問われるのだ。

　我々は，東京都郊外に住む一人暮らし認知症高齢者のAさん（男性・68歳）に対する成年後見活動を通して，認知症高齢者の症状の進行にともなって，社会関係が悪化し，地域で生きづらくなる現実を報告した（井上 2016）。この事例について，本人や関係性の変容に着目すると，認知症高齢者が本人を取り巻く社会関係（環境）から負の意味づけを付与され，生きづらくなる現状が見えてくる。以下，事例をみていこう。

（2）「見守り」の変容

　ここでは，一人暮らし認知症高齢者の見守りが時に変わっていく過程を見ていく。

　Aさんと関わり始めたのは，2011年4月18日である。地元の社会福祉協議会の地域福祉権利擁護事業・金銭管理サービスを利用していたAさんは，若年性のアルツハイマーを発症していた。ある程度身の回りのことはできるものの，言語的なコミュニケーションは難しく，日常生活に少しずつ支障をきたしていた。団地の住民もAさんの症状に気づきながら，亡くなった奥さんのよしみもあり，緩やかな見守りがなされていた。それが，2013年2月15日に，「指定のごみ袋ではなく，薬局の袋で燃えるゴミを捨てていた」。さらに，「燃えるゴミを曜日違いで出していた」と団地の管理人からケアマネジャーに連絡が入った。そこから，見守りや団地の住民との関係性は徐々に緊張を帯びたものに変化していった。

　同年の3月には，他の棟の8階住居の扉を開けたとして，居住者が管理人に問い合わせる事件が起きる。この頃から，「自宅で火の不始末を起こさないか」「早く施設に入れろ」という訴えが管理組合に寄せられるようになった。さらに，スーパーでたびたび万引き事件を起こしたために，本人が来店した場合は

即「警察に通報する」と店長に警告されたりもした。次第に，Aさんの行動は住民の許容範囲を超えるようになる。緩やかな見守りは，いつしかゴミ出しや買い物等にみられるルールから逸脱した行動の「見張り」や「監視」になり，火の不始末等への懸念から「排除」へと進み始めていた（井上2016）。

（3）「見守り」と「見張り」の間

　この事例から，地域の「見守り」は見守る側の許容範囲内で機能するものであり，その範囲を越えたり，対応できるネットワークで処理できない場合は，地域からの「排除」へと変容しかねないことが読み取れた。見守る側の許容量を，ある程度操作的に捉えるならば，見守る側の認知症に対する適切な理解，知識，対応に集約されるのではないだろうか。認知症に対する適切な理解，知識，対応は，介護経験があったり，身近な方が認知症だったり，認知症サポーター養成研修を受けていたり，それぞれの経験によるところが大きい。認知症高齢者が住み慣れた地域で暮らし続けるためには，まずは身近で見守る地域住民の側の力量が問われるといっても過言ではない。そうした力量を高めるためには，専門的な知識や技術を身につけることが不可欠である。

　見守りには，住民の力を結集し，活かす仕組みが必要である。さらに，認知症高齢者の見守りには，組織的に対応できるようにしなければ担いきれない重責がある。しかし，組織として見守ることは，住民力の結集でありながら，一方で認知症高齢者を集団から排除する力になりかねない。それは，「見守り」が「見張り」に切り替わる瞬間でもある。「見守り」と「見張り」の違いは，見守る側の立ち位置の違いである。「見守り」は相手の立場に立つ活動であり，「見張り」は自分を守る行動である。「見守り」が「見張り」に変わると，認知症高齢者を理解不能な脅威として捉え，排除につながる。両者の間には，見守る側の立ち位置と「専門性」を帯びた力量（許容量）が関係する。

　地域住民による見守り活動は，生活に根ざしているため，個人を特定しやすい。その点で「個別性」「日常性」は高い。しかし，「専門性」の点で課題がある。認知症に対する適切な知識や理解が不足していたり，適切な機関とつながれなければ，早々に本人に対する偏見，排除が誘発されうる。

3 徘徊高齢者SOSネットワークにみる
公私協働の見守りとつながりづくりの現状と課題

（1） 徘徊高齢者SOSネットワークの現状

　次に，行政の推奨する見守りである徘徊高齢者SOSネットワーク（以下，徘徊SOSネットワーク）について，検討してみよう。先述のように，徘徊（認知症）による行方不明者は，毎年1万人を越えている。こうした徘徊高齢者に対応する仕組みとして，各地で徘徊SOSネットワークが整備されている。徘徊SOSネットワークとは，認知症のある高齢者が行方不明になった際，家族が警察署に通報すると，捜査協力機関にFAXなどでいっせいに情報が伝えられ，タクシー会社，バス会社，トラック協会，郵便局，ガソリンスタンド，町内会，老人クラブなどの生活関連団体が必要に応じて協力して，早期発見に努める体制である。ネットワークの中心は，個人情報の収集，管理の観点から区市町村が担うことが求められている。その歴史は，1994年北海道釧路市での活動が発端となり，「認知症徘徊SOSネットワーク」が全国の自治体に広まった。

　厚生労働省の報告では，2014年4月1日現在，徘徊・見守りSOSネットワーク事業は616市区町村（35.4%）で実施されている。こうした徘徊SOSネットワークのほとんどは，連絡網の中心を警察署の生活安全課か役所が担っている。しかし，実際の捜索は，地域の企業や住民団体への協力を願うため，協力の要請や継続など，ネットワーク全体を形成したり維持したりするための運営組織が必要である。多くのネットワークでは，市民の任意団体や地域の医療・福祉関係者が熱心に警察署や役所，協力機関に働きかけて，運営組織をつくり，ネットワークを構築したり維持したりしている。こうしてネットワークをつくったり維持していくこと自体が「まちづくり」，さらには，多職種，多世代，多分野にわたる地域協働を進める側面があるとして注目されている（NPOシルバー総合研究所 2008: 8）。

　徘徊SOSネットワークは，認知症高齢者が徘徊で行方不明になった際，で

きるだけ迅速に発見することを目的として設立されており，緊急時の仕組みという意味合いが強い。そのため，「日常的な見守り」とは異なる。もっとも組織が出来上がった副次効果として，住民の見守り意識の醸成が期待できるが，日常的に機能するためには課題がある。

（2） 徘徊 SOS ネットワークの課題

　徘徊 SOS ネットワークを整備している地域では，行方不明発生時の協力体制として，警察や自治体をはじめとする行政機関と住民が緊密に連携している。その一方，徘徊 SOS ネットワークを整備している自治体のうち3割のネットワークが機能していないとされる（NPO シルバー総合研究所 2011: 1）。残念ながら，徘徊 SOS ネットワークは，地域の認知症高齢者を見守り，保護するつながりであるにも関わらず，形骸化している地域もある。

　その理由として，担当者の異動や市町村合併による中心機関の脆弱化，住民への啓発活動の不足などがあげられる（NPO シルバー総合研究所 2010: 94-95）。さらに，認知症高齢者の行方不明の捜索は，地域によって社会資源に大きな差がある。たとえば，人口の少ない地域や離島では「SOS ネットワークはなくても見つかる」という意見がある反面，人口の多い都市部ではコミュニティの弱体化が課題であり，防災無線による捜索も期待できない（NPO シルバー総合研究所 2010: 95）。また，交通機関が発達している都市部とマイカーの多い地方では，捜索エリアや交通機関等，捜索依頼先が異なってくる。

　このように徘徊 SOS ネットワークがあっても機能しない地域の問題，ネットワークの整備および稼働状況は，地域格差，ネットワークの形骸化，そして仕組みを持続することの難しさとして報告されている。そもそも複数の専門職を，日常的に，有機的に結び付け，機能できるようにしていくことは容易ではない。しかし，後述するように，全国には福岡県大牟田市のように10年以上徘徊 SOS ネットワークを保持し，活動を継続して効果をあげている自治体が存在する[2]。それらの自治体では，必ず仕組みをメンテナンスする事務局が機能していた。つまり，徘徊 SOS ネットワークが，生活を支える組織として定着し，認識され，頼られるためには，組織が日常的に機能できる努力が不可欠な

のである。

　認知症サポーターの活用も課題としてあげられる。認知症サポーターは，「認知症に対する正しい知識と理解を持ち，地域で認知症の人やその家族に対してできる範囲で手助けする」役割を期待されている（厚生労働省HPから）。1節で述べたように，2017年6月30日現在の認知症サポーター数は，約900万人である。しかしながら，全国の徘徊SOSネットワークの捜索活動において，養成講座を終了した認知症サポーターは，わずか1割程度しか活用されていないとされる（NPOシルバー総合研究所 2010: 47）。トレーニングを受けた認知症サポーターに対する期待は大きいが，十分活用されていない現実がある。これらの要因として，養成後に「活動がない状態」や「活用方法が明確になっていない」ことが指摘されている（NPOシルバー総合研究所 2010: 47）。

　以上の問題点を踏まえ，次に，多摩市徘徊SOSネットワークについて分析していこう。

（3）　多摩市徘徊SOSネットワークの成果と課題

　2007年，多摩市は，練馬区とともに東京都の「認知症地域資源ネットワークモデル事業」のモデル区市の選定を受けた。選定にあたり，地域における支援の仕組みづくりなど，認知症対策に本格的に取り組もうとしていることがあげられていた。

　多摩市徘徊SOSネットワークの起点となるのは，多摩中央警察署と多摩市高齢支援課である。多摩市がモデル事業の取り組みをはじめたのは，2007年10月29日のモデル事業の全体像説明会からである。下記は，多摩市が報告した徘徊SOSネットワークの経過とポイントである（東京都 2009: 16-25）。

---

2) 福岡県大牟田市では，専門医（精神科・老年内科：4名），認知症医療センター医師（神経内科：2名），介護・看護職（認知症コーディネーター：6名），認知症連携担当者（長寿社会推進課：1名）が関わっている。(http://www.mhlw.go.jp/bunya/shakaihosho/seminar/dl/02_99-07.pdf)

（経過）
- 徘徊対応については，住民向け訓練と関係機関のネットワーク構築訓練を個別に実施。
- 住民向けには2008年10月4日に実施（諏訪地区）。サポーター養成講座のあと，寸劇で声かけの例を実演（一般市民約80名参加）。
- 行政のネットワーク構築については，2008年10月30日に模擬訓練の実施。
- 本格運用開始は，2009年2月1日となっている。
- 2009年3月28日のモデル事業の成果報告会には，一般市民約90名参加。

（構成）
　徘徊SOSネットワークの構成は，多摩中央警察署，多摩消防署，東京都立南多摩保健所，東京都立多摩総合精神保健福祉センター（アドバイザー），多摩市社会福祉協議会，多摩市高齢支援課である。

（成果の概要）
- 地域資源マップ「高齢者暮らしの応援団」の作成。
- 警察署と福祉行政との連携強化。
- 警察が徘徊への対応に関して積極的になった。
- 警察や消防等，関係機関と市の連携が深まった。

（課題）
- 徘徊SOSネットワーク構築において，行政機関の情報ネットワークを構築するところまでは到達したが，バス，タクシーなど交通事業者や新聞，牛乳販売店など生活関連事業者との連携については，個人情報の取り扱いに対する懸念から議論が到達しなかった。

表5-1 多摩中央警察署における認知症高齢者の保護件数（2007〜2008年）

	2007年	2008年（1月1日〜9月10日まで）
多摩市民	45人(34.6%)	66人(60.6%)
その他	85人(65.4%)	44人(40.0%)
合計	130人(100%)	110人(100%)

表5-2 多摩市徘徊高齢者SOSネットワークの実施件数

年度	件数
2010年度	1件
2011年度	1件
2012年度	1件
2013年度	0件
2014年度	5件

資料：多摩市における徘徊SOSネットワークへの取組（www.fukushihoken.metro.tokyo.jp/kourei/.../20kaigi5_sankou1-1.pdf）より作成。

　2010〜2014年の多摩市徘徊高齢者SOSネットワークの実施件数をみると，件数の少なさが目立つ（表5-2）。2007年度には多摩中央署で130名の認知症高齢者の保護があったことを考えれば（表5-1），近年の発動件数が年間約2件では，SOSネットワークが十分機能しきれていないと推察できる。また，他市との比較においても，その発動件数はきわめて少ない（表5-3）。つまり，多摩市のSOSネットワークは，徘徊高齢者を見守る仕組みとして定着していない。

　一方，福岡県大牟田市では，「徘徊模擬訓練」を定期的に実施している。稼働件数も，年間約20件であり，公私協働のネットワークが定着してきていることが窺える（NPOシルバー総合研究所2008）。大牟田市の特徴は，模擬訓練の定期的実施であり，その活動が地域住民に認知症の理解を促すキャンペーンとして位置づけられていることだ。こうした地道な活動が徘徊SOSネットワークの存在を定着させたといえる。

　神奈川県茅ヶ崎市・寒川町の徘徊SOSネットワークでは，本人の情報を事前登録し，対応をスピーディーに行っている。登録された情報は，警察や特養などの専門機関で保管され，緊急時に共有される。その点で，個人情報を護りながら，必要なときに瞬時に共有し，専門機関につなげられる仕組みとして注目できる（表5-3）。

　これら実行力のあるSOSネットワークと多摩市との比較から見えてきたこ

表5-3 徘徊SOSネットワークに見るつながりのかたちと特徴

名称	多摩市「徘徊高齢者SOSネットワーク」	大牟田市「ほっと・安心（徘徊）ネットワーク」	茅ヶ崎市・寒川町「徘徊老人のためのSOSネットワーク」	釧路市「徘徊老人SOSネットワーク」
開設	平成19年（2007）	平成17年（2005）	平成10年（1998）	平成6年（1994）
人口	約14万人	約13万人	約28万人	約19万人
高齢化率	26.2%	34.4%	24.4%	29.0%
起点（組織）	警察署・行政・地域住民（多摩中央署、多摩市役所、地域委員他）＊地域委員＝住民、介護会代表	警察署・行政・地域住民・施設（大牟田警察署、大牟田市役所他）	警察・施設・地域住民（茅ヶ崎警察署、社会福祉法人麗寿会、行政他）	地域住民・行政（たんぽぽの会、釧路警察署、釧路保健所他）
発動件数（年平均）	約2件	約20件	約35件	約30件
事務局	多摩市高齢支援課	大牟田警察署／介護予防・相談センターサンフレンズ	茅ヶ崎市徘徊老人のためのSOSネットワーク連絡協議会	釧路地区SOSネットワーク連絡会議事務局
特徴	《市民協働モデル》・平成19年度、東京都の「認知症地域資源ネットワークモデル事業」として始まった。・事業の目的としては、「認知症の人を地域で支える地域づくり」「住民のネットワークを支える『職のネットワーク』の顕在化」が掲げられた。・平成20年10月30日には、徘徊SOSネットワーク模擬訓練（行政の情報伝達訓練）が行われ、平成21年2月1日から徘徊SOSネットワークが本格運用開始となった。・地域委員により自主的な取り組みと、支え手としての行政等の連携が模索された（東京都福祉保健局2008）。	《多職種・地域協働モデル》・行政ネットワークと住民ネットワークの連携が特徴。・大牟田市ほっと安心（徘徊）ネットワークは、警察署が中心となって運営している「大牟田高齢者等SOSネットワーク協議会」と「はやめ南人情ネットワーク」などの住民ネットワークが連携している。・「はやめ南人情ネットワーク」は住民自身がつくる「まちづくりネットワーク」として平成16年に発足。この団体が実施する「徘徊模擬訓練」活動の役割が大きく、認知症の理解を促進するキャンペーンでもある。・徘徊SOS（ほっと・安心（徘徊））ネットワークは平成17年に発足（NPOシルバー総合研究所2008: 22-28, 36-41）。	《広域ネットワークモデル》・茅ヶ崎市、寒川町の「徘徊老人のためのSOSネットワーク」は、茅ヶ崎警察署、社会福祉法人麗寿会ふれあいの森、交通機関、市役所、地域包括支援センター、社会福祉協議会、ボランティア組織などで構成する連絡網。・対応をスピーディーにするため「事前登録制度」を取り入れている。本人情報をあらかじめ市役所に申請し、警察署、特養ホームで保管。ネットワークの要と一時保護を市より委託を受けた特養が担っている（長岡2004: 117-119）。	《住民主体モデル》・釧路地区障害老人を支える会（たんぽぽの会）が中心となってネットワークを立ち上げた。きっかけは、平成2年に発生した徘徊死。会は、警察署、行政など関係機関に徘徊行方不明者捜索の実施を働きかけ、「徘徊老人SOSネットワーク」が発足。約160団体が加盟する。・ネットワークの維持管理は、釧路地区障害老人を支える会、釧路管内3警察署、釧路市、釧路保健所で構成する「釧路地区SOSネットワーク連絡会議事務局」が行っている（NPOシルバー総合研究所2008: 10-21）。

とは，質の違うものをつなげた後に，いかにつながりを維持，継続，機能できるかである。大牟田市，茅ヶ崎市・寒川町，釧路市に共通するのは，SOSネットワークの事務局を，地域住民と公的機関が連携して運営していることだ。各自治体では，形成された「つながり」を事務局がメンテナンスしている。したがって，多摩市における徘徊高齢者SOSネットワークの課題も，つながりの日常的メンテナンス機能にあると推察される（表5-3）。

　以下，まとめよう。他市の徘徊高齢者SOSネットワークと多摩市徘徊高齢者SOSネットワークを比較して見えてきたことは，日常的につながりを維持し，機能させ続けることの難しさである。徘徊する認知症高齢者を見守るためには，仕組みが住民のなかに浸透し，頼られなければならない。このように，徘徊SOSネットワークが実行性をともなうためには，「日常性」「個別性」の視点が重要であった。さらに，つながりを維持するメンテナンス機能が不可欠といえる。

4　認知症高齢者を介護する家族同士がつくる見守りとつながりのかたち
── TAMA認知症介護者の会・いこいの会の存在意義

　最後に認知症高齢者および家族を側面から支援する当事者組織の活動を検討してみよう。当事者組織に注目するのは，介護に悩み，自ら集まった同質の集団という点にある。共通の問題関心により結びついた純度の高い集団が，地域でどのように見守り，支えあっているか分析していく。

　ここでは，多摩市の任意団体である「TAMA認知症介護者の会・いこいの会」（以下，いこいの会）に所属する介護者と他の会員へのインタビュー調査を通して，認知症高齢者に対する見守りとつながりがどのように取り組まれているか分析する。

（1）TAMA認知症介護者の会・いこいの会に所属するBさん（女性・74歳）の事例

　いこいの会に所属するBさんは，自宅で夫のCさん（79歳・要介護1）を

介護している。夫は歩行等の身体機能に問題はないが，認知症による判断機能の低下によって，徘徊の症状がでている。夫は長野県の生まれで，ことあるごとに「信州に行く」といって自宅を出ては，帰れなくなることがたびたびあった。「信州に行く」というのは大抵午後4時頃。買い物や家事が気になる時間だが，それでもBさんは夫に付き添って駅まで行くものの，夫がどんどん先に行くため疲れてしまう。歩いているうちに，Cさんは信州をめざしていることすら忘れてしまうが，このような状態がいつまで続くか，Bさんも不安を抱えている。

　散歩や自宅周辺を連れだって歩くことは日課になっている。しかし，Bさんが家事をしている合間，ちょっと目を離した隙に外に出てしまい，自宅に戻れなくなることがひと月に1度のペースであった。

　Bさんのご主人は，以前，徘徊中に転倒。ケガをして動けなくなっているところを，通行人が救急車を呼んで助けてくれた。その際，自分の名前や住所は言えたが，名前を書くことはできなかったという。

（2）　公的支援としての警察の存在

　あるときBさんがちょっと目を離した隙にご主人がいなくなり，バスを使って隣接する八王子市で見つかった。何とか携帯電話のGPS機能を駆使し，タクシードライバーと自力でご主人を見つけ，発見することができた。

　見つけたあとはお互いに心から安堵した。6月は日が長いため夕方の徘徊はまだ対応できるが，秋になり夕暮れが早くなったときに探し切れるか不安が募る。認知症の方にとっても，バスに乗りながら，あたりが暗くなっていき，降りた場所がわからない時の恐怖は，不安を掻き立てるだろう。Bさんは，当然近所の交番に相談してきた。しかし，認知症高齢者の見守りにとって頼れる存在とはなれなかった。

　　警察って何か事故を起こさないと駄目ね……。私ね，それがやっとわかったの。1時間探すでしょ。そうすると必ず私は警察に行くの。そうすると30分はかかるのよね。いろんなことをやったりね，なんだかんだし

たら……。

　Bさんは，ある時交番で先に遺失物の対応をしている警官にしびれを切らし，交番を飛び出してしまう。その足で，駅付近の携帯電話のショップに向かった。

　　そしたら，携帯電話会社の対応が速かったの。駅の向こうへ，「すみませんけど，このGPSって……」と言うとね，大きいナビを出してくれるの。それで「奥さん，今，あそこにいますよ！」って言うから，「ありがとう！」って言って，走って四つ角の向こうで，「あなたー」ってさけぶの。そのときも「おかあさん！」とか言ってね……。

　Bさんが警察に頼れないのは，すぐに対応してもらえないからであった。徘徊の対応は，時に一刻を争う。しかし，警察も日常的な業務があり，困っている人が次々飛び込んでくる。そのなかでBさんが順番を待ち，状況を丁寧に説明し，捜索してもらうことにもどかしさを感じる。説明している30分で，さらに遠くに行ってしまうと不安を感じ，頼れなくなる。こうした，すぐに対応してもらえなかった経験や事件性の不確実さから，介護者家族は警察に頼りにくいと感じてしまう。

　一方で，Bさんは八王子市の警察に助けられたこともあった。Bさんご夫妻が長野からの帰り，JR八王子駅を降りて乗り換えの際，ご主人とはぐれてしまう。Bさんのご主人は，自分のいる場所がわからず，戸惑っているところに，Bさんと電話がつながった。ご主人は，多摩市内の大栗橋と勘違いし，橋のたもとにいることだけは説明するものの，お互いに場所がわからない。そこで，八王子駅前の交番に駆け込み，すぐに，警察が徒歩，自転車，パトカーで捜索してくれた。幸い，Bさんのご主人がリュックを背負っていたことが目印になり発見につながる。しかし，警察に頼ること，大がかりな捜査に発展することへの申し訳なさ，騒ぎを起こしたことへの心苦しさから，遠慮も生じたという。

　　警察は大変だわ。私，いつも姉に嘆くの。そうするとね，「あなたのご

主人だけじゃないわよ。警察は，いっぱいそういうことがいるんだから，そんな人を1人ずつ探してたら大変よ」って。それからは私，自分で1時間探してから警察に行くようにしたの……。

　警察に頼れたとしても，捜索の大変さから，まず自分で1時間探してからなど，相談を控えてしまう。徘徊の場合，初期対応が肝心であり，最初の10分が鍵だとする報告もある。

(3) 徘徊高齢者等探索サービスGPS端末の活用

　Bさんは，自治体が貸与する徘徊高齢者等探索サービス（GPS端末）と契約し，利用した経験もある。ご主人の徘徊の際，GPSを管理している警備会社に連絡すると，住所を教えてくれたものの，本人が歩き続けていることもあり，居場所は刻々と変わった。教えられた場所に行ってみると，既に道の反対側にいる。住所も正確にわからないとその場所に行くことが難しい現実に，常に移動している方への対応の難しさを感じる。さらに，ご主人がいる場所に警備会社の職員に急行してもらうと料金がかかる。それが毎回続くようだと，経済的にも負担を感じてしまう。

　　警備会社も駄目よね。このあいだ練習したの。娘が来て。それで私，行ったらね，2分後に，どこにいるっていうのを言うの。警備会社に問い合わせたら，「◎◎何番地」って言ったの。そうしたら，その道路の向こう側だったのね。だから結局，完璧に住所がわからないとね。そんなのわかりっこないわよ。それで，「すぐお願いします」と言って頼むと10,800円掛かるって言うから……。それだったら，携帯会社のGPSの方がね，私はね……。

(4) 携帯電話のGPS機能の活用

　あるときBさんは，ご主人の徘徊について行った。そこは最寄駅にあるバスターミナルであった。どこからバスに乗るのかと思いきや，「国立行き」のバ

スの前で，並んでいる女性に「これ，多摩川に行きますか」と聞いている。

　Bさんのご主人もバスに乗って徘徊を繰り返すようになってきていた。認知症の徘徊で怖いのは，来たバスに乗ってしまうこと。本人は，乗れば目的地に行けると考える。しかし，今度はバスを降りたとしても，降りた停留所で自分の居場所がわからなくなってしまう。

　Bさんのご主人も，多摩市唐木田，八王子市鑓水で道に迷っていたことがあった。6月にはBさんは，ご主人が多摩美術大学付近にいるところを携帯のGPS機能で発見する。

　　タクシーに飛び乗って，「今ここにいるんですけど，お願いします」って言ってね。タクシーの運転手と2人で探して，探してね……。それで，あそこの突き当たりの所にお寿司屋さんがあって，そこの反対側に大きい駐車場があるんですよ。そこで探したの。結局，そこまでバスに乗っちゃったんじゃない。多摩美に直接行くバスは無いから，きっと南大沢行きがあるから，それに乗って行って，途中で降りて，そこから真っすぐ行けば多摩美には行けちゃうのよね。そのときもよく見つかったと思ってね。GPSで何となく場所が出たから。それでタクシーの運転手さんが，「そこの駐車場じゃないですか？」って言うから私は降りて，そしたら「あっ，おかあさん！」と言って……。

　警察に頼ることにためらいを感じ，携帯電話のGPS機能を駆使してご主人を探していたBさん。しかし，ご主人が常に携帯電話を持ち歩くとは限らない。自治体が貸与するGPS端末においても同様。いつしか何も持たずに飛び出してしまうご主人を前に，Bさんは徘徊への対応に疲れ果てていった。

（5）いこいの会会員による発見と対応

　2016年6月，Cさん（Bさんの夫）が駅前で保護される事件が起きる。その時声をかけたのは，いこいの会のメンバーDさん（女性）であった。

ちょうど夕方，買い物に行って，ちょっと知り合いと立ち話をしていた時，Bさんのご主人（Cさん）が1人で，駅に向かって歩いていくのが見えたの。知り合いに「ちょっと待って。ちょっと認知症で徘徊の方がいるから，ちょっと……。」と言って追いかけて。コンビニの前で「Cさん。どこへ行くの？」と声をかけると，「うん。信州」と。「えーっ」と後ろを見てもBさん（奥さん）はみえない……。「Cさん，ちょっと待ってて。奥さんが心配してるんじゃない？　奥さん，どこ？」と言うと，「家」だと言う。「ちょっと待って。奥さんのところに連絡しようよ」と鞄をみるとBさん（奥さん）のだったの。仕方なく，一緒に歩いてご自宅に歩き始めたら，あわてた奥さんが見えたんだよね……。

　Bさんが自宅の2階でじゅうたんを片づけていたときの出来事であった。その時のCさんの服装は，奥さんの鞄を持ち，自分のズボンの上に奥さんのズボンを重ねてはき，ジッパーは開いた状態で，首にタオルを巻いていた。その不自然な恰好から目立っているが，誰も声をかけられない。いこいの会のメンバーが見つけなければ，Cさんは奇異の目でみられながら何時間も街をさまよい歩き，自宅に戻れなくなったかもしれない。
　認知症高齢者の見守りで重要なのは，見守る側が，当事者の行動を適切に判断でき，安全を確保しながら，支援ネットワークにつなげられることである。そのためには，情報を事前に把握したり，関係者間で共有したりすることが重要である。介護者のBさん（奥様），当事者のCさん（夫）は，いこいの会に参加し，地域で見守られている。当事者組織のなかで，同じ介護者同士が集い，つながり，見守り活動が行われており，この出来事をきっかけにBさんは，ご主人や自分のことをわかって，適切に対応してくれる人が地域にいる安心感を抱くようになる。

　「あの時，あなたがこういうふうに呼んでくださったとき，なんか天に昇る思いだったわよ」

Bさんは，ご主人の顔をわかって適切に対応してくれるいこいの会メンバーの存在を心強く感じると同時に，頼りにしている。多摩市における認知症高齢者の見守りやつながりのかたちは，発展の途上である。そのなかで，純度の高い当事者組織がささやかな成果をあげている。

5　見守りがより実行力をもつための「個別性」「日常性」「専門性」の重要性

（1）　これまでの知見のまとめ

　認知症になっても住み慣れた地域で暮らし続けるためには，どのような「見守り」が重要か。本章では，認知症高齢者に対する「見守り」活動を，「個別性」「日常性」「専門性」の視点から検討した。

　徘徊は，ある目的を持った行動として認識されるが，認知症による徘徊と通常の行動を見極めることは容易ではない。また，認知症とわかったとしても，適切な対応をとることが難しい。そして，そもそも徘徊している本人が誰なのか，どのような事情をもっているのか分からない状況で適切な対応をとることは難しい。

　一人暮らし認知症高齢者の事例では，地域住民による「見守り」が，時に「監視」から「排除」に変わる恐れがあることを指摘した。団地の場合，住民による見守り活動は，生活に根ざしているため，見守る対象を特定しやすい。その点で「個別性」「日常性」は高い。しかし，「専門性」の点で課題がある。認知症に対する適切な知識や理解が不足していたり，適切な機関とつながれなければ，本人に対する偏見，排除に結びつきかねない。ここでの「専門性」とは，適切に見守り，つながるための知識や技術である。自ら援助できなくても専門機関につなげられる知識があるということ，守秘義務等，倫理的判断ができるということである。このように，地域住民による「見守り」がより実行力を持ち，安定するためには，時に住民自身に「専門性」を帯びた行動や判断が求められる。住民の適切な見守りを支援するためには，見守る側に対する「専門性」を帯びた知識や技術の支援も必要である。また，住民個人だけではなく，住民をまとめたり，つなげたり，工夫を共有する支援が必要である。

次に，認知症高齢者を介護する家族と企業や専門機関等が連携する徘徊SOSネットワークを取り上げた。徘徊SOSネットワークは，認知症高齢者が徘徊によって行方が分からなくなってから機能する仕組みである。対象者の個人情報を事務局で把握し，緊急時に，協力者と共有する。自治体によっては，徘徊する高齢者を保護した後，特別養護老人ホームでケアする場合もあり，専門職も多く関わっている。その点で，「個別性」「専門性」が高い。しかし，「日常性」の点では課題が残る。仕組みの性質上，緊急時に機能する特徴があり，日頃から予防的に機能し，見守ることができるかという点で，実施の判断が難しい。さらに「つながり」をつくることはできても，その後メンテナンスができなければ，ネットワークは機能不全に陥る。多摩市における徘徊高齢者SOSネットワークを検討した結果，つながりの日常的メンテナンス機能に課題があると推察された。つながりが実行力をもち，頼れる仕組みとなるためには，認知症高齢者や介護者の生活のなかに定着していなければならない。たとえば，福岡県大牟田市では2004年度より年に1回，認知症SOSネットワーク模擬訓練を実施している。こうした活動の継続が住民への徘徊SOSネットワークの認知度や啓発にも貢献している。実際に，模擬訓練での第一発見者が一般市民であった事例も報告されている[3]。

　最後に，TAMA認知症介護者の会・いこいの会（当事者組織）の活動を検討した。いこいの会は，共通の問題関心に基づいた，いわば純度の高い集団である。同質な集団であるが故に，一定の濃密な関係が構築されている。いこいの会は，毎月定例会を開き，会員の相談にのっている。そして，認知症の知識を深め，支えあっている。定例会の集まりには，本人と家族の両者が参加することもあり，お互いに顔見知りになる。相談会では，会員が直面する個別の介護課題を共有し，解決策を探るなかで，会員の生活の安定を図っている。その点で，「個別性」を十分理解した集団といえよう。さらに，会員同士が同じ地域に住んでいる特徴がある。ヒアリングによって，会員同士が顔見知りであっ

---

3)「まちで，みんなで認知症をつつむ〜大牟田市の取り組み〜」(http://www.mhlw.go.jp/bunya/shakaihosho/seminar/dl/02_99-07.pdf)

たために，日常生活のなかで徘徊するお年寄り（会員）を保護した事例をつかむことができた。こうした見守りは，日常生活のなかで会の役割が予防的に発揮された成功例と言えよう。いこいの会の会員は，お互いの事情を良く知っている。その中で，どのように対応したらよいか，毎月の状況報告と相談を重ねている。いこいの会の特徴の一つは，独自に，認知症関連の講演会・学習会を企画したり，複数の研修を受けたりしている点にある（表5-4）。いこいの会は，当事者組織でありながら，「専門性」を帯びたケアの工夫や知恵を育む素地があった。さらに，本人と介護者家族が，地域で顔の見える濃密な関係を築

表5-4　TAMA認知症介護者の会・いこいの会の活動

組織概要	《事業内容》 ・認知症介護者支援と認知症啓発事業 ・定例会，相談事業，後援会，ピアカウンセリング，高齢支援課主催のあしたの会への支援と協力，他市・区の介護者の会との連携，ふらっとカフェ・すみれカフェつどいへの協力 《事務所の所在地》 　東京都多摩市 　代表　村松啓子 《団体設立》 　平成15年3月3日 《会員数57名（平成28年4月19日現在）》 《活動内容》 ・毎月1回　定例会開催 　（聖蹟桜ヶ丘：ヴィータ7階，諏訪・永山：諏訪福祉会館2階） ・毎月1回　会報の発行 ・年2〜3回　講演会や学習会を開催 ・相談事業 《活動実績》 ・のべ利用者数＝334件 ・年間実施日数＝25日 《会費》1,000円（年）
いこいの会（ミニ集会）	・施設入所している家族からそれぞれの施設の対応や特徴を話してもらった。 ・通院拒否にあって介護保険申請が難しい方に通院の方法について事例をあげて説明してもらった。 ・デイサービス利用時の不安を話してもらい，職員との信頼関係や連携の必要性を理解してもらった。 ・介護保険申請していない人で介護者自身の健康が気になる方が増えた。自分のことも含めてケアマネに相談してみるようにすすめた。 ・療養型病院からの転院時，自宅に戻せない家族の葛藤を傾聴し，介護者

	・自身の役割のあることに気づいてもらった。 ・ショート利用を断られた家族の悩みを受け止め，問題となることを探り，解決策について共に考え，次の利用先を考えた。 ・介護者自身の体調変化に伴い，困っていることも増えてきた。急な場合の対応の備えを個々に考えてもらった。 ・受診時の疑問や悩みを整理して，問題点を探って解決を図った。 ・認知症当事者の話を聴きながら，介護のヒントを得た。 ・認知症当事者の日常の困りごとを知り，一緒に解決策を探った。
講演会	・体験型音楽会 ・参加型音楽会を開催し，当事者と介護者とともに楽しみリフレッシュを図った。 ・グループホームの入所者，家族，一般の方も参加。 ・口笛奏者の演奏を聴く。 ・演奏を聴くことでリフレッシュし，自らも音を出して楽しみ気持ちのリフレッシュを図った。 ・体験型リハビリ ・当事者の筋力維持と介護者自身の筋力維持の方法を理学療法士から学ぶ。 ・理学療法士により認知症当事者と介護者自身の筋力維持の要領を学ぶ。 ・実技指導
交流会	・介護仲間との食事会 ・季節を味わう茶菓を準備しての気分転換 ・食事会で介護以外の暮らしの話をする。定例会だとなかなか難しい。
電話相談事業	・会に参加していても，日常の対応がうまく行かず，定例会外で相談を受けた。 ・家庭を訪問し，身体介護やおむつの替え方の具体的な相談を受けた。 ・家庭を訪問し，接し方の相談を受けた。 ・離れて暮らす当事者のサービス利用の相談を受けた。 ・施設の選び方や入所するための準備等の相談を受けた。 ・施設に入所している方の施設の対応，家族の悩み等の相談を受けた。 ・介護者の高齢化に伴い，介護者自身の介護保険利用の申請をすすめた。 ・有料老人ホームに入る際の相談 ・夜間や日曜等ケアマネと連絡がとれにくくなり相談電話で対応
他団体との協力と連携	・開催日に毎回ボランティアとして2・3名参加し，当事者の話を引き出す役割を担った。 ・地域包括支援センターや利用期間と家族の様子を共有 ・勉強会の講師の紹介及び仲介 ・介護者の悩みを聴いて利用できるサービスを紹介 　耳すま会への協力
ヴィータ・男の料理と交流	・お花見，バーベキュー，ちゃんこ鍋等の行事に参加し，認知症介護について理解を深めた。 ・女性センター主催の「ともフェス」にギャラリー展示参加して，認知症当事者の理解と介護者の会の広報につとめた。

資料：いこいの会「平成27年度多摩市地域福祉推進事業支援事業の成果説明書」より引用。

いていた。その点で，いこいの会のような地域の当事者組織に所属する意義，会の存在意義が高まることにつながったと思われる。

（2） 実行力のある見守りのために

　以上の議論をもとに，それぞれの「個別性」「日常性」「専門性」を評価したのが表5-5である。本章の結論として，この表をもとに，効果的な見守りの実践についてまとめてみよう。

　効果的な見守りには，個人，集団，組織，公的機関の力をつなげる仕組みが必要となる。しかし，現在見られる見守り活動には，単体での活動が存在するものの，それぞれ活動課題を明確にし，課題を補い合う相補的なつながりが発揮されてはいない。そこで，見守り活動の特徴を，「個別性」「日常性」「専門性」の視点から検討し，○，△，×の3段階で評価することで課題を明示した。

　地域住民による見守りは，同じ生活圏で取り組まれるために，「日常性」（○），「個別性」（△）が高いが，個人の「見守り」が時に「監視」から「排除」に転化してしまう恐れがある。そこには，認知症の理解，個人情報の保護，認知症高齢者に対する適切な対応や専門機関につなげる知識など，「専門性」（×）を補う視点が必要であった。

　当事者組織による見守り活動は，地域住民がメンバーである場合は「日常性」（△）はある程度確保できる。また，日々の活動によって，当事者が直面する課題「個別性」（○）をよく把握しており，勉強会や経験等によって認知症の知識や適切な対応も期待できる（「専門性」（△））。

　自治体が推進する徘徊SOSネットワークは，基本的には要請が出てから発動するため，日常的に住民に定着し，機能できるようにメンテナンスするかが課題となる（「日常性」（×））。同時に，多様な専門職や機関が関わる一方で（「専門性」（○）），個人情報をいかにつかみ，共有するかが課題と言える（「個別性」（△））。

　地域には完成された見守りのかたちは存在しない。しかし，現在ある見守りのかたちを評価し，課題を補い合ってつながれば，住み慣れた場所で生活し続けていくことが可能だ。その手がかりとして「個別性」「日常性」「専門性」の

表 5-5 「個別性」「日常性」「専門性」からみる見守りの特性とつながりの相補的関係

	個別性	日常性	専門性
地域住民	△	○	×
当事者組織	○	△	△
徘徊 SOS ネットワーク	△	×	○

視点を提示した。さらに，これらの視点を活かした見守り活動が，重層的，相補的関係のもと行われるためには，つながりを維持し，メンテナンスする役割が必要となる。その役割を担うのは時に行政機関であり，地域の専門機関であり，専門職であるかもしれない。どの活動主体が見守りの中心になるとしても，当事者を支える見守りとつながりのかたちは，「個別性」「日常性」「専門性」の視点を持ち，それを補いあうことによって大きな成果を上げるだろう。

参照文献

秋元美世，2011，「福祉支援と協働をめぐって」『地域におけるつながり・見守りのかたち』中央法規，52-72.

堀川茂野，2006，「警察における福祉的側面について——徘徊認知症高齢者の保護を中心に」『法政論叢』43(1): 139-157.

井上修一，2016，「一人暮らし認知症高齢者をささえる社会福祉士・後見人の役割と意義」『大妻女子大学人間関係学部紀要』17: 37-53.

石田光規，2015，「個人化社会における孤立と孤立死」『個人化するリスクと社会』勁草書房，188-220.

警察庁，2013，「平成 25 年中における行方不明者の状況」警察庁生活安全局生活安全企画課.

警察庁，2014，「平成 26 年中における行方不明者の状況」警察庁生活安全局生活安全企画課.

警察庁，2016，「平成 27 年中における行方不明者の状況」警察庁生活安全局生活安全企画課.

警視庁，2014，『警察白書』警視庁.

小林良二，2011，「虚弱な高齢者に対する地域住民の『見守り』について」『地域におけるつながり・見守りのかたち』中央法規，300-325．

小林良二，2013，「地域の見守りネットワーク」『協働性の福祉社会学』東京大学出版会，159-182．

小林良二，2016，「見守りの定義って？」『月刊ケアマネジメント』環境新聞社，18-21．

厚生労働省ホームページ（http://www.mhlw.go.jp/stf/seisakunitsuite/bunya/0000089508.html　2017年8月14日検索）

長岡美代，2004，「徘徊老人SOSネットワークの現状と課題」『ガバナンス』25，ぎょうせい，117-119．

内閣府，2016，『平成28年版高齢社会白書』，内閣府．

NHK「認知症・行方不明者1万人」取材班，2015，『認知症・行方不明者1万人の衝撃』幻冬舎．

認知症サポーターキャラバンホームページ（http://www.caravanmate.com/　2017年8月14日検索）

NPOシルバー総合研究所編，2008，『認知症の人のための見守り・SOSネットワークを築こう——徘徊行方不明を防ぐために』NPOシルバー総合研究所．

NPOシルバー総合研究所，2010，「平成21年度　老人保健健康増進等事業報告書　認知症高齢者の徘徊行方不明者の広域SOSネットワークの確立に向けた調査研究事業報告書」NPOシルバー総合研究所．

NPOシルバー総合研究所，2011，「平成22年度　厚生労働省老人保健健康増進等事業報告書　認知症高齢者の徘徊行方不明者ゼロ作戦の構築に向けた調査研究事業」NPOシルバー総合研究所．

斉藤千鶴，2009，「高齢者を『支え合う』地域見守り活動の課題——地域見守り活動調査から」『関西福祉科学大学紀要』13: 175-188．

高村弘晃，山田理恵子，小椋佑紀，2011，『地域におけるつながり・見守りのかたち』中央法規，326-354．

東京都福祉保健局，2009，「地域でできる！　認知症の人を支えるまちづくり」．

東京都福祉保健局，2016，「高齢者等の見守りガイドブック」．

第6章 「再生された」伝統的集団による地域の再編
―― 地域祭りへの参加に注目して

大槻茂実

1 郊外における地域祭り

　人口減少の時代を迎えた現代日本社会において，持続可能な都市を形づくる住民の地域参加についての再考が迫られている。公助から共助あるいは自助へと市民社会における補完性原則の変更が迫られる中，個人の自発的な地域参加が学術的にも政策的にも注目が高まっているといえよう（たとえば，朝日新聞，2015）。本章では人口減少を背景として「拡大」から「縮小」へと地域政策の方針転換がすすめられる現代都市における住民の地域参加の過程と可能性を検討する。より具体的には，地域祭りに着目して「再生された」伝統的集団による地域の再編を考察する。

　これまでの郊外研究においても出身背景を異にする地域住民の凝集の場として都市祭礼は注目されてきた。その背景には，戦後都市的生活様式の受け皿として発展した都市郊外において農村共同体的な人間関係がどのように機能し得るのかといった社会学的関心が横たわっていたと考えられる。しかしながら，そこにおいては否定的な判断材料が山積していると言わざるを得ない。具体的には，住民の高齢化やライフステージの変化にともなう地域社会からの転出，伝統をもたない都市郊外ゆえの都市祭礼そのものに対する冷ややかな評価などである。移動や余暇活動といった個人の自由を体現しつつ，地域社会として共同性をいかにして確保していくことができるのか。未だ，この問いに対する明確な回答は得られていないのである。

　都市祭礼を検討する上では祭礼の成立にともなう「伝統性」にも留意する必

要がある。とくに 90 年代の郊外研究では都市郊外における地域祭りは農村共同体的な伝統をもたず，宗教色を排した「空虚な」ものとして扱われてきた。しかしながら，そもそも全国的にみて今もなお村落共同体的な伝統の維持を頑なに実践している地域社会などどれほどあるだろうか。むしろ，地域固有の伝統の消失や，転出や転入といった地域移動こそが戦後の驚異的な経済発展を経験した日本の典型的な地域社会の現実だったのではないだろうか。さらにいえば，今後，グローバルレベルの流動化がすすめば，ますます地域固有の伝統性の保持は困難になっていくとも考えられる。仮にそうであるとすれば，なおのこと，都市郊外における伝統に対して冷ややかな評価を下すだけではやや消極的といえよう。そうではなく，伝統なるものが断絶した都市郊外における「伝統」の再生にともなう地域再編の可能性を検討することこそが学術的にも政策的にも肝要であろう。そこで本章ではそうした郊外社会の課題を背景としつつ，伝統的祭礼を担う囃子組織の活動に着目することで，「再生された」伝統的集団による地域の再編の可能性を検討する。その際には，新・旧住民といった住民特性に留意しつつ考察を行う。

2　郊外の均質性と「新たなる」伝統へのまなざし

（1）　郊外の均質性への視線からの脱却

　流動性が高まり人口減少を迎えた現代社会において，異なる他者との共存がいかにして可能となるのか，共生のあり方に注目が高まっている。地域社会における公助から共助あるいは自助への補完性の模索などはその典型例といえよう。大企業を中心としたグローバルレベルの経済競争は，経済活動の最適化の観点から企業のみならず，そこに属する個人や家族の移動をも決定づけた。そして，そうした経済論理を背景とした人びとの移動はその帰結として労働市場と地域社会の分断をもたらした。労働市場と地域社会が分断状況にある都市郊外においては，住民に希求される人間関係は希薄なものとなる傾向がこれまでの研究でも報告されている。たとえば，東京都多摩市を調査対象地として計量的調査を行った石田ら（2015, 2016）によれば，郊外において多くの人びとに希

求される近所づきあいはあいさつ程度の希薄なものであった。

　都市郊外における住民の希薄な人間関係に対する視線は，郊外の均質性に着目した90年代の郊外論の視点とも共鳴する。とくに90年代における都市郊外論は，消費社会の進展の中，異なる背景をもって流入してきた住民同士の関係性を捉えていた。しかしながら，そうした郊外論の郊外における人間関係に対する評価は冷ややかなものであったと考えられる。ここでは本章に関わる90年代以降の郊外論の要点を整理しておきたい。

　郊外論の代表的論者である三浦（1999, 2004）は，郊外が共同性の欠如と均質性の進行によって住民同士の競争と孤立が激化する場となることを指摘している。三浦の主張は郊外が出身地域を異にする「故郷喪失者」によって構成されている点を土台としている。すなわち，そこにおいては異質なものが集積しながらも結果として均質化していく郊外が強調されるのである。また，若林（2007）も「いまやオールドタウン」とも揶揄されるニュータウンや郊外住宅地に焦点を定め，短期間のうちに開発が進められたことに起因する郊外の歴史や伝統のなさに着目している。とくに若林は，戦後の産業化と社会再編の中で創出された郊外を「そもそも共有された歴史も伝統も，よってたつべき共通の文化や風土も存在しない」（若林2007: 29）と位置づける。その上で，そうした郊外において実践される地域祭りやイベントは「家族をこえて人びとが共に集い，共に働き，そのことによって時間と場所を分かち合うということがない」（若林2007: 180）とする。いわゆる新住民による地域社会での共助の困難性を指摘するこうした三浦や若林の郊外の均質性に対する冷ややかな評価は，90年代から続く郊外論の基本的な見解であったと考えられる。

　2000年代における郊外論はそうした郊外の均質性に対する批判的検討が行われる。たとえば，郊外論の系譜を整理した高木は，「郊外をフィールドとした研究の系譜からは，全体社会としての都市に通底する特質について検討する視点については，コミュニティ論へと発展を見せているのに対して，部分社会としての郊外の固有性についての議論・研究が，必ずしも十分に展開されてこなかったことが指摘できる」（高木2004: 60）とし，郊外地域がもつ固有性を踏まえた分析の必要性を指摘している。

石田（2015）もそれまでの郊外論は均質性（たとえば，「性別役割分業の核家族が形成する住宅地」）を主張する一方で，郊外の内部の地域特性への視点が不十分であったことを指摘している。とくに石田は東京都多摩市を対象地とした社会調査データに基づき，郊外内部の地域特性に留意した住民の相互関係を分析し，開発経緯や住民特性といった地域特性によって住民の関係構築に違いがみられることを導出している。また，鰺坂（2015）は，都心区において旧住民を中心に進められるスポーツ・フェスティバルや盆踊りを通して新住民の参加が実現しているケースを報告している。鰺坂の報告する旧住民を受け皿とした新住民の地域参加の可能性は，地域社会を過度に均質的に捉えることの警鐘とも解釈できる。こうした研究の指摘を踏まえれば，郊外の均質性に留意しつつ郊外社会の内部の異質性を注視することが今後の郊外論において肝要であると解釈できよう。

（２）　郊外における「新たなる伝統」についての肯定的意義

前項のように郊外論においては「伝統性」を介した郊外の地域社会の形成には冷ややかな評価が下されていた。その理由としては，若林（2007）が指摘したように郊外においては村落共同体的な「なつかしさ」を求めながらも，「伝統性」を土台とした地域社会の形成に説得力を見出せなかったことがあげられる。すなわち，住民の間で共有されるべき地域の歴史や伝統がない郊外社会においては，地域祭りは宗教色を排した「闇のない祭り」でしかなかった。農村共同体的な「伝統」に基づく地域形成は郊外では期待できなかったのである。

その一方で郊外にみられるような経済発展の中で一度断絶された「伝統」や「新たなる伝統」に対する肯定的な意義を見出す研究もある。たとえば，松平（1990, 2008）は，イベント化した祭りの文化運動としての機能に肯定的意義を見出している。松平によれば，徳島発祥の阿波踊りが東京都高円寺（「高円寺阿波踊り」）を軸として関東一円に拡大しており，また戦後に高知で創出された高知の「よさこい祭り」が「YOSAKOIソーラン祭り」として札幌の地域イベントとして根付いているのである。

有末（1999）は東京都中央区佃・月島の住吉神社大祭に着目し，都市祭礼に

おける内部（佃）・外部（月島）の重層構造を指摘している。その上で，とくに有末は人口減少の中で特定の居住者によって制限されてきた伝統的組織形態（佃）が地縁関係のない人びとをとりこみながら変容していくケースを報告している。玉野（2005）もまた都市祭礼における神輿の渡御に着目し，地域で生まれ育った層によって「新たなる」伝統が支えられている点を報告している。有末や玉野の研究は都市における「新たなる」伝統がむしろ住民の地域参加の契機となっていることを示している。

　以上のように，一度断絶された「伝統」や「新たなる伝統」に着目した研究は，伝統性が地域の凝集性を高めるといった具合に「新たなる伝統」に地域社会の希望を見出していると解釈できよう。本章の分析を先取りすれば，本章の特徴はこうした見解にさらなる視点を提出する点にある。

（3）「修正拡大集落論」にみる転出者の地域参加の可能性

　人口減少を迎えたのは都市郊外ばかりではない。「限界集落」と揶揄される農村社会もまた人口減少と高齢化の中で持続可能な地域社会の実現が課題となっている。しかしながら，人口学的にみれば減少傾向にある農山村集落は，実は豊かな人間関係を土台として今もなお活力に満ちているとする報告もなされている。徳野（2014）は人口減少に直面した山村集落の住民が隣接市などに転出した子ども世代ら（他出子）の助けを借りながら現状への適応を行うとする「修正拡大集落論」を提唱している。

　徳野の「修正拡大集落論」はリトワク（Litwak 1960）が提示した「修正拡大家族論」の視点に依拠している。すなわち，現代社会における家族はかつての拡大家族のような形態とは世帯を異にしながらも，経済的・心的な互助関係を結んでいるとする視点である。これまでの郊外研究が地域参加を検討する上で当該地域に居住する住民を分析対象としていたのに対して，他出子も山身地域社会の担い手となっているとする「修正拡大集落論」の知見は，当該地域から転出した元住民を地域社会の担い手として考慮する点で，郊外社会への応用可能性をもつ。仮に郊外社会もまた山村集落と同様，住民のみによる地域社会の維持が困難な状況にあるのだとすれば，転出者も含めた地域社会の形成可能性

を踏まえる必要があると考えられるからだ。

　以上のような郊外研究，山村研究の知見を踏まえて，本章では転出者のサポートに留意しながら地域祭りの核となる伝統組織での活動に着目することで，「再生された」伝統的集団による地域の再編の可能性を検討する。次節では，本章が分析対象とする乞田・貝取地区と当該地区の地域祭りを担う囃子組織の概況を確認する。

3　乞田・貝取地区と乞田囃子連

（1）　乞田・貝取地区の位置づけ

　本章では東京都多摩市の乞田・貝取地区における囃子連を調査対象とする。石田（2015）に依拠すれば，乞田・貝取地区は1970年代以降に新住民が大量に流入してきたものの，多摩市の他地区と異なり，農村共同体を背景とする囃子や山車といった地域的な伝統を体現しているという特徴をもつ。そこでは，農村共同体的な名残を残す形で地域例祭や正月の「どんど焼き」が行われており，たとえばそうした地域行事が開催される際には開会式などで「多摩市の中でも地域の伝統が色濃く残る地区」と評される。したがって，乞田・貝取地区は地域的伝統を介した住民の地域参加が特徴的な地区と位置づけられる。本章では伝統性を介した地域参加の可能性を検討することを目的として，乞田・貝取地区の地域祭りの中心組織の一つである乞田囃子連とその成員を調査対象とする。

（2）　乞田囃子連の概要

　筆者が関係者から入手した資料（乞田囃子連 1989）と乞田囃子連の活動メンバーに対する聞き取り調査の内容から乞田囃子連の概況について触れておきたい。乞田囃子連は明治時代に乞田八幡神社を中心に活動が始まり，初代から三代目まで氏子の中で受け継がれてきた。しかしながら，昭和30年代後半には

1）　筆者が聞き取った2014年1月「どんど焼き」開催式における市議会議員のコメントに基づく。また，「どんど焼き」をはじめとした多摩市における年中行事については多摩市史編集委員会編（1997）を参照されたい。

全国的な祭礼の衰退とともに活動停止となる。この時点で乞田囃子の伝統は一度完全に途絶えることになるが，地域コミュニティへの希求を背景とした全国的な祭りの復活ブームを受けて，1987年に地域住民の有志（14名）により復活するに至った。

復活したとはいえ，約30年の休止期間があるため世代交代により乞田地区特有の地囃子を演奏できる人間も当時すでに限られてしまっていた。しかしながら，幸い三代目をはじめとする囃子経験者がその時点で存命であったことから，そうした経験者に指導を受ける形で乞田囃子を復活させるに至った。

囃子は本来「破矢」「鎌倉」「国固め」「四丁目」「いんば」の5曲ではじめて一つのセット（「ひとっ囃子」）として構成される。また地域に根ざした地囃子の場合にはそれぞれの地域の特徴があることから，乞田囃子には乞田囃子固有の特徴が本来はあると囃子演奏者には認識されている。しかしながら，乞田囃子を復活させた際には，すべての曲目を演奏できる人間はおらず，結局5曲のうち「破矢」と「いんば」のみが乞田固有の囃子として再現されることとなった。残りの3曲については後述するように，現在の囃子連の成員が外部の囃子連にその地区の囃子を教わる形で補完している。その意味で，乞田囃子連は一度断絶した伝統の再生を介した地域の再編をみる上で最適な事例であると考えられる。

乞田囃子連の復活当初は，メンバーは成人男性14名によって構成され，翌年の例祭後，子どもメンバー（小・中学生）9名が加わり，以後，現在まで大人メンバーと子どもメンバーによって囃子連は構成される。復活当初のメンバーは近隣の小学校を卒業した旧住民によって構成されていた。多摩市のニュータウン開発がほぼ終了し，市人口が14万人を突破した1990年以降は囃子連の会員も年々増加し，とくに1994年頃は会員30名を超すに至った。しかしながら，近年は市全体の少子高齢化と呼応する形で活動メンバーは減少の途を辿っている。時系列的にみれば，乞田囃子連の「栄華」と「衰退」は，

2）囃子の曲目は地域や流派によってその名称が異なるが，本章では乞田囃子連での呼称に依拠する。

資料：著者撮影。

図 6-1　例祭での囃子連

ニュータウン開発で潤い，やがて急速な高齢化と人口減少を迎えるに至った多摩市の歴史を象徴しているといえる。

　現在の乞田囃子連では子どもを介した形で新住民も囃子連の成員として活動している（図6-1参照）。囃子連の維持・存続のためにも，囃子に関心があれば新・旧に関係なく参加を歓迎することが，乞田囃子連の基本方針となっているのである。なお，囃子を復活させる上で当時中心的なメンバーだったうちの1人が現在の囃子連の会長（後述のケースB）となっている。現在の乞田囃子連の練習は，年間を通して週1回19:30〜21:00まで乞田・貝取地区内の集会所（「大貝戸集会所」）で行われる。9月上旬の例祭が終わると，9月末までは活動休止となるが，その時期以外は基本的に一年中練習が継続されることになる。囃子連は年間行事として初詣，桜まつり，盆踊り，例祭といった地域イベントでの演奏機会があり，また近隣の小学校などでの演奏も含めれば年に5,6回程度の演奏を行うことになる。したがって，数か月に一度は人前で囃子を演奏することになるため，活動メンバーは年間を通して継続的な練習が必要となる。

　毎週の練習では必ず開始と終了時に，子どもメンバーが大人メンバーに対面に座り互いに礼を交わす。練習中に子どもメンバーがふざけだすと，年上の子

どもメンバーや大人メンバーがその場で「先輩」として叱る。練習終了後は，子どもメンバーらはお菓子やジュースを楽しみ，大人メンバーは酒を交わしながら懇親を深める。子どもメンバーらが帰宅した後も大人メンバーらは集会所に残り，酒を交わしながら談笑を続け，最終的に解散となるのは夜11時頃となることも珍しくない。囃子連に参加する年齢層は10代未満から60代と幅広く，毎週練習を行うことから，囃子連が継続的な世代間交流の場となっていることが読みとれる。囃子の練習に参加する大人メンバーはほぼ固定化されており，通常6〜7人程度となっている。また，例祭などで囃子を披露する際には市外に転出したOB/OGも「助っ人」演奏者として駆けつける。彼ら/彼女らは後述するように子ども時代に囃子を練習したことから，一通りの踊りと太鼓の演奏を行うことが可能なのである。結果，例祭などでは通常のメンバーに加えて市外に転出したOB/OGも加わることで，10人前後の大人メンバーによって囃子が演奏されることとなる。本章ではそのうち6名の大人メンバーに対して行った聞き取り調査の内容を検討する。

4 囃子からみる地域祭りへの参加

　本節では囃子連の活動に参加するメンバー6名に対する聞き取り内容から伝統集団である囃子組織による地域再編の可能性を検討する。

ケースA（50代男性・地元出身・「囃子の伝統を重視した中心メンバー」）

　乞田・貝取地区の地元小学校（多摩市立第三小学校）を卒業した旧住民であるケースAは，囃子のスキルという意味でも，人格や年齢的な点からも，次世代の囃子連の中心を担っていくことが周囲の人間からも期待されている人物である。もともと囃子や祭りにそれほど興味があったわけではなかったが，小学校でのバレーボールのコーチをしていたところ，現在の会長（ケースB）に勧誘を受ける形で囃子を始めるに至っている。囃子を始めたのはここ数年程度であり，他メンバーと比較して活動期間がそれほど長いというわけではない。しかしながら，乞田囃子連のみならず他地区の囃子連にも頻繁に通っており，囃

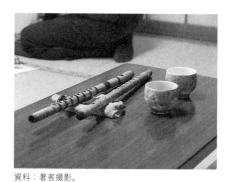
資料：著者撮影。
図6-2　トンビと呼ばれる笛

子に熱心に取り組んでいるといえる。また，そうした練習量に裏付けされたスキルの高さから，楽器の演奏のみならず，踊りの指導も子どもメンバーに対して率先して行っている。

　とくに楽器演奏という点では，囃子連メンバーの中でもケースAと後述する囃子連会長であるケースBのみがトンビと呼ばれる笛の演奏スキルを有する（図6-2参照）。そもそも，囃子の演奏では太鼓（シンパチと呼ばれる大太鼓とナガレと呼ばれる締め太鼓），カネと呼ばれる金属製の打楽器，トンビと呼ばれる笛といった和楽器を使用する。乞田囃子連では，多くのメンバーが週1回の継続的な練習を通して太鼓とカネの演奏については一通り習得する。しかしながら，トンビと呼ばれる笛については習得するまでに多大な練習量を要する。そのため，笛を祭りなど人前で演奏できるほどの演奏スキルを有するのはごく少数に限られ，現在のところ乞田囃子連ではケースAと後述するケースB（現会長）のみである。したがって，笛の演奏能力がケースAとケースBに限られるという事実は両者なくして囃子連は地域祭りで囃子を披露することができないことを意味する。

　ケースAは年齢的には中堅的なポジションにあるものの，自分自身が囃子連の屋台骨となっていることを自覚しており，自分自身の演奏・踊りの実践だけではなく，後続の人材育成や囃子連全体の活動についても積極的に携わっている。この点は，断絶した「伝統の再生」すなわち，失われた囃子3曲の習得と

いう点においてもあらわれる。乞田囃子は前述のように，30年にもおよぶ休止期間もあって乞田囃子としての基本の5曲のうち3曲（「鎌倉」「国固め」「四丁目」）は引き継ぎに失敗し，乞田囃子の固有の地囃子としては消失してしまっている。そうした中で，ケースAが隣接市の囃子連に残りの3曲を自発的に教わりにいき，そこで習得した外部の地囃子を乞田囃子連に持ち込むことで囃子の基本5曲を乞田囃子で「復活」させつつあるのである。むろん，この3曲については外部の囃子であり，乞田囃子の固有の囃子とはその内容が異なる可能性が高い。その意味では乞田囃子の伝統の復活ではない。ケースAもその点は自覚しつつも，それでも「伝統」を主張していくことの意義を話す。

> たしかに，外で囃子を教わっても，それは厳密には乞田の囃子ではないかもしれないですよ。もともとがどういうものかわからないので，確かめようはないんですけどね。それでも自分はいいと思ってるんですよ。だって囃子をやっている人間なら誰だって，全部の曲をやって「ひとつ囃子やりたい」って気持ちはあるはずなんですから。たとえ，その中の数曲がもともとの自分たちのものでないとしても，ですね。それに，地囃子だってそもそも時代時代で少しずつは変化してきてるはずですから。(…) 外からの囃子でもあるかもしれないけど，それでも囃子としてのクォリティを出していくことがもっと大事だろうし，それをしたいんですよね。ただ演奏するだけじゃなくて，「人を魅了する囃子」です。

ケースAは高次元での囃子の演奏を介した「伝統」の追求が住民の地域参加に結びつく可能性に希望を見出す。ケースAの語りは以下のように続く。

> 囃子をやる人はいなくなっています。けど，やる人がいないからって諦めてしまう前に，まだ自分たちでできることはあると思うんですよ。やっぱり囃子って人前で「和の伝統」を披露する面白さがあるじゃないですか。そういうのってしっかり表現できれば，周りを説得させちゃうぐらいかっこいいもんだと思うんですよ。(…) 自分はうちの囃子の演奏レベルを上

げて,「人を魅了する囃子」を披露することで人を呼びかけていきたいんですよ。しっかりした練習を通して，うちの囃子連も勧誘のためにもう1段レベルの高いところにいけるんじゃないかと。そうやって見る側を魅了するような囃子に自分たちが近づいていかないと，廃れていくだけだと思うんですよ。

こうした発話にあるように，ケースAは明確に囃子連の衰退を憂いており，その打開策として囃子演奏スキルの上達を強く意識している。前述のようにケースAをはじめとした乞田囃子連メンバーの「伝統」の再生は，外部の曲を取り込むといったように，地域固有の伝統などではない。しかしながら，ここで強調したいのはケースAをはじめとした乞田囃子のメンバーが地域住民の参加を企図した時に「伝統」を鍵としている点である。この「伝統」の活用は，ケースBの事例にもみられる。

ケースB（60代男性・地元出身・「現乞田囃子連会長」）

ケースBは現在の乞田囃子連の会長であり，乞田囃子を復活させたメンバーの1人である。現在の乞田囃子は，ケースBとケースBに近しい人びと（地元小学校を卒業したの元同級生など）の尽力なくして復活し得なかったといえる。また，そのことはケースBが，1980年代に復活した当時の乞田囃子の「熱気」と現在の囃子連という両方の状況を知る数少ない人物であることを意味する。ケースBはケースAと同様にすべての楽器での演奏が可能な人物であり前述のトンビの演奏スキルという点で貴重な人材であるといえる。それと同時にケースBは囃子連の会長という役職を担っているため，単なる囃子の演奏者のみならず，神社，自治会，コミュニティセンターとの連絡役も担っている。ケースBは乞田囃子復活当初を以下のように述懐する。

　　俺とか（同じ地元小学校出身の友人）Kさんがさ，せっかく地元に囃子ができる人がいるんだから，みんなで囃子をやろうよって盛り上げたの。まだその頃は，笛も太鼓もできる人がいたからね。それで，その人たちを

けしかける感じで今の囃子連ができたんだよね。先代の会長のツテで，（乞田の）囃子ができる人に色々教わってね。（…）でも，やっぱり途絶えてる時間があるもんだから，全部を再現するってのは無理だったんだよね。それでも，「破矢」と「いんば」は覚えてたもんだから，その意味では昔の乞田囃子は復活できたんだけどね。（…）でも，せっかくまた囃子やるなら色んな曲をやりたいっていうんで，外の囃子連に教わりにいったりしたんだよね。（ケースA）くんとかがさ。

ケースBは乞田囃子連の復活当初を述懐しつつ，現在の囃子連との違いを話す。

　今はだいぶ変わってね。復活した時は大人のメンバーが中心で，それに子どもを増やしていったんだけど，今だと囃子を始めるのはやっぱり小学生の頃が多いかな。復活させた頃は，地元出身の人ばっかだったね。何人か外から来た人もいたけど，基本的には地元出身の人で（囃子連は）回ってたね。もちろん今のうち（乞田囃子連）は，どこの人でもいつから始めても大歓迎なんだけどね。でも，やっぱり大人の人ってなると，仕事とか家族とかあるから，いきなり囃子を始めるのは難しいんじゃないかな。（…）神輿なんかは祭りに参加して周りと一緒に担げばいいから，やったことがない人がいきなり参加してもなんとかなっちゃうんだけど，囃子はそうはいかないんだよね。やっぱり，それぞれの地域にはそれぞれの囃子の特徴なんかもあるから，しっかり練習しないとモノにならないんだよ。笛はもちろんだけど，太鼓だって踊りだってさ。それに，祭りで囃子をやるためにみんなで一緒に練習してやった方がさ，盛り上がるし，楽しいよね。

ここでの発話にあるように，乞田囃子連は地元出身であるか否かに関わらず，囃子に関心があればとくに制限なくメンバーの募集をしていることがわかる。また，ケースBは継続的な囃子の練習が乞田囃子成員の凝集性を高めていくと考えている。ここでいう練習は，囃子という性質上，継続的に地元の「伝統」

を確認する作業を意味する。その意味で、現会長のケースＢもまた前述のケースＡと同様に地域の「伝統」を意識していることがわかる。

　しかしながら、いかに「伝統」による囃子活動が盛り上ろうとも、ライフステージの変化にともない地元や囃子からの離脱を余儀なくされるケースが増えているのも事実である。そうした状況を認めつつも、ケースＢは過去に乞田囃子という地元の「伝統」に触れた経験者の存在が、結局は囃子組織や地域社会にとっても肯定的な帰結をもたらすと考えている。

　　　だいたいの子は、小学生の頃から囃子を始めるんだけど、中学とか高校になると部活と受験なんかがあるから、自然と足が遠のいちゃうんだよな。でも、小学生の頃からやると、やっぱり体が踊りとか囃子のリズムを覚えているんだよね。だから、（ケースＣ）くんみたいに、何年かたっても祭りなんかの時にちょっと顔だして、しばらく練習してればまたすぐに太鼓なんかは叩けるようになるんだよ。（…）昔は、うちも子どもがたくさんいて活気があったんだけど、みんな大人になってそれぞれで忙しくなるから。メンバーが少なくなっていくのは、寂しいけど仕方ないよね。それでも、うちは（ケースＣ）くんみたいに大人の人が入ってくれて、祭りの時なんかみんなを盛り上げてくれるからありがたいよ。毎回の練習なんかは無理だけど、それでもありがたいよね。

　ケースＢは、ライフステージの変化にともなう地元住民の市外への転出はやむを得ないものだとしつつも、転出した後も囃子を通して地元との接点を見出すことは可能であるとする。それと同時に、この考えは乞田囃子連という伝統組織の継続的な活動にあたっては地元地域を離れた転出者の積極的なサポートを必要としていることを意味する。そこで、次は地元社会を一度離れながらも、乞田囃子連の活動をOB/OGとして積極的にサポートするケース（ケースＣとケースＤ）をみてみる。

ケースC（30代男性・地元出身・「転出したのちに多摩市にもどる」）

　ケースCは30代男性で，これまでのケースと同様に乞田・貝取地区の出身であり，子どもメンバーとして乞田囃子連に入っている。ケースCは祖父が乞田囃子連の前会長と生前親しかったことから，もともと囃子の勧誘を受けていた。それに加えて，自身の妹が山車で披露される踊りに関心をもったことから，妹につきあう形で囃子を始めるに至った。そうした経緯で小学生の頃から始めて，踊りも笛以外の楽器も一通り習得するものの，中学・高校にあがると部活や受験で忙しくなり囃子の活動は難しくなっていく。

　　小学生の頃に妹につきあう形で囃子はやっていましたね。ずっとやっていたんですけど，中学・高校になると部活動とか受験なんかもあって，忙しくなっちゃってだんだん出来なくなっちゃったんですよ。（…）学生を終えて働き出して，それで多摩を離れちゃったんですよ。その時は，多摩を離れちゃったんで囃子とかは全然やっていなかったですね。引っ越した先での地域の活動なんかもとくにやっていなかったですよ。やっぱり仕事が忙しかったんで。今はたまたま仕事の関係で近くに帰ってきたんですね。それで時間もできたんで，祭りの時とかにこっちにきて一緒に（囃子を）やっている感じです。会長から連絡を受けて，それで当日にって感じですね。（…）今はたまたま仕事とかの状況的にできるからやっている感じですからね。自分自身，祭りや囃子が楽しいから続けたいって気持ちはありますけどね。将来もずっとできるかっていわれると，ちょっと難しいと思います。いつかまた仕事とかでこっちを離れないといけなくなるかもしれませんからね。

　ケースCは発話にあるように就学期を終え就業を開始するようになると，通勤時間の点から多摩市を一時的に転出することになる。多摩市を離れていた間は，仕事の多忙さから乞田囃子での活動も，転出先での囃子や地域的な活動もとくに行っていなかった。その意味で，ケースCは地元を転出した時点で一度地域や地域の「伝統」から完全に切り離された生活を送ることになった。しか

しながら、勤務地が変わり多摩市に戻ってきたのを境に、乞田囃子を再開することになる。

現在のところ、仕事や家事・育児の点から、毎回の練習に出席しているわけではなく、祭りの当日にサポートといった形で参加する状況にある。その意味で乞田囃子の「助っ人」と位置づけられる。しかしながら、OB/OGといえど小学生の頃から囃子連で練習をしており、一通りの演奏スキルもあることから、「助っ人」でありながらも貴重な人材として、他のメンバーから頼りにされている。とくに成人した男性であるケースCは子どもよりも体格が大きいこともあり、踊りの熟練度も相まって、地域祭りでのケースCの踊りは観衆の注目を集めることとなる。ケースCは30代と囃子連のメンバーの中でも比較的若く、将来的に囃子連を盛り立てる次世代以降のポジションにあると考えられるが、本人の発話にあるように、本人の就業活動をはじめとして将来的な乞田囃子連での見通しについては不透明な状況にある。

以上のように、ケースCは地縁的な人間関係を介して地域社会への参入を果たしたものの、労働市場の論理から自身との接点が深い地域社会からの撤退を余儀なくされる可能性が高いケースと解釈される。その上で、とくに注目したいのは、すでに地元から離脱したケースCがむしろ「助っ人」として乞田囃子連という地元集団の活動に貢献を果たしているという点である。すなわち、成人の演奏者・踊り手が少ない現在の状況では、囃子の経験者であるケースCは乞田囃子連が活動を継続していく上で重要な人材となっているのである。

ケースD（30代女性・地元出身・「転出者として囃子に貢献」）

ケースDもまたケースCと同様に子どもメンバーとして囃子を嗜みながらも、成人し地元を転出している。ケースDは現乞田囃子連会長の子どもであり、子どもの頃から囃子連で活動をしており、ケースCと同様に血縁・地縁関係を介した参入であるといえる。ケースDも小学生の頃より囃子の練習を積み、笛以外の演奏・踊りを一通り習得するものの、就学期間を終えて結婚を機に多摩市を離れることとなる。現在、ケースDは家族とともに隣接市に転出し、乞田貝取地区での地域祭りの際に帰郷しては、現在の乞田囃子連のメンバーとともに

囃子を演奏している。転出先では囃子や地域的なイベントにはとくに参加しておらず，出身である乞田・貝取地区の方が現在の居住地よりも親しみがあると述懐する。

> 引っ越した先で囃子は今のところはやっていないですね。こっちに戻ってきた時だけです。結局，引っ越しなんかで新しいところに入って，その土地で何か参加しようと思っても，〈よそもの〉という気がして入りづらいんですよ。子どもだと気にする必要がないので，どんどん新しいところに入っていくでしょうし，子どもの（囃子への）参加が大人にとってのきっかけになったりするんでしょうけどね。（…）だから，（自分は）祭りの時期になるとこっちに帰ってきて，こっちで祭りなんかは楽しんじゃいますね。

上記のようにケースDは，転出先で囃子をはじめとした祭り行事には積極的に参加していない。その理由としては，「よそもの」としての疎外感が転出先での囃子連といった伝統組織への参加の心的な参入障壁となっているのである。ケースDが示しているのは伝統を介した地域組織の閉鎖性といえる。そもそも地域の伝統はメンバーの連帯感を高める一方で，外部の人間に対して排他的な境界ともなり得る。稲葉（2016）は祭りを「ソーシャル・キャピタルの醸成装置」と捉えたが，ケースDは伝統を介した地域住民のつながりが外部の人間に対する閉鎖的なネットワークとなり得ることを示しているといえる。

しかしながら，本章が注目したいのはそうした地域やその伝統から発生する閉鎖性ではない。そうではなく，ケースDのような地域から転出した人間が地域祭りに関わりながら地元との関係性を維持しているという点である。2節で示したように，山村研究においては隣接市などに転出した住民が地元地域に積極的に参与することで，山村集落が「限界」に到達せずに維持される状況が報告されている。伝統的集団による地域の再編に注目する本章は，そうした転出者の地元地域との関わりは山村集落のみならず，郊外社会においても散見されるという点を強調したい。

山村集落にみられた修正拡大集落的な人間関係の維持が郊外社会にもみられるという事実は，郊外社会における住民参加を検討する上での分析射程変更の必要性を意味する。すなわち，郊外社会での住民の参加に注目する上では，地域内への移動を果たした住民のみならず，地域外に移動した人びともその射程におさめる必要性が示されているのである。徳野（2014）は修正拡大集落論が「限界集落」に着目する山村研究のパラダイムシフトであると主張した。そうであるならば，郊外の疲弊を指摘する郊外研究もまた転出者を介したパラダイムシフトの可能性を検討する必要があるのではないだろうか。

ケースE（30代・新住民・「囃子連で必要不可欠な人材」）

　これまでのケースでは乞田・貝取地区を（元）地元とする旧住民の伝統組織とのかかわりを検討してきたが，次のケースEとケースFを通して多摩市外出身の新住民の伝統組織との関わりを検討したい。ケースEは多摩市外の出身であるが，結婚をし，現在，乞田・貝取地区で子ども2人の4人家族を形成している。乞田囃子を始めたのは1人目の子どもが囃子に興味を示したからだった。もともとケースEの実家では家族が祭りで太鼓を叩くといったことはあるものの，自分自身はそうした伝統を介して地元と積極的に関わることはなかった。しかし，例祭で自分の子どもが同世代の山車での踊りに興味を示したから，子どもに囃子を習わすことにしたという。囃子連の練習時間が夜ということもあり，当初は子どもの送り迎えだけだったが，そのうちに会長（ケースB）から「せっかくだから一緒に」との勧誘を受け，ケースE自身も始めるに至った。現在では，1人目の子どもは中学生となり，小学生となった2人目の子どもも一緒に囃子を習っている。会長（ケースB）がケースEを直接勧誘したことから明らかなように，乞田囃子連では相手が旧住民であるか新住民であるかを問わず，興味関心があれば積極的に囃子連への参加を呼びかけている。

　　自分の場合，うちの子ども（小学校低学年）が祭りで囃子とか山車に興味をもったんですよ。お面をかぶったり，音楽で踊ったりしている少し上の学年の子をみて感化されたんでしょうね。最初は送り迎えだけだったん

ですけど，そのうちに会長に「それならお父さんもせっかくだから一緒にやりましょう」ってことになって，それで始めたんですよ。自分なんかは，それまでは祭りや地域的な行事もそれほど積極的ではなかったですね。もしうちの子が囃子に興味をもたなかったら，自分もやっていないと思いますよ。やっぱり仕事とか家のこととかで忙しいですからね。消防団とか他の地域活動なんかはとくにしてないですね。仕事が土日休みじゃないときついですしね。（…）今後については，難しいところですよね。上が中学で次に高校ってなると，もっと忙しくなってきますしね。まぁ，でもうちの場合はまだ下もいますから分からないところですよね。自分の気持ち的には続けたいですね。

現在，中学生となったケースEの子どもは踊りについて小学生らの見本ともなっており，また先輩として子どもメンバーから慕われている。ケースE自身も最近になって，太鼓やカネといった打楽器のみならず，笛の練習も開始するに至っており，楽器演奏者として貴重な人材となっている。事実，ケースE親子の3名（子ども2人）は現在の乞田囃子連の中では人数という意味でも，演奏・踊りのスキルという意味でも重要なポジションにある。したがって，ケースE親子が不在ともなれば地域祭りでの囃子演奏は大きな支障をきたす可能性が高い。その意味で，新住民ながらケースEとその子どもは囃子連に不可欠な人材となっているのである。

ケースF（30代・新住民・「地域伝統の重視」）
　ケースFもケースEと同様に市外から流入した新住民であり，自分自身の子ども（幼稚園児）を介して囃子活動を開始した。現在，ケースFはまだ囃子連の活動を始めて数か月程度であるが，本人，妻，子どもと家族全員で囃子連に通う生活を送っている。ケースFはもともと自分自身が子ども会に入っていたこともあり，子どもを介した地域活動にも意欲的だった。しかしながら，多摩市に転入する前に賃貸住宅で生活していた頃は積極的に地域との接点をもつことはなかった。子どもをもち，職場までの通勤時間などの点から多摩市に引っ

越してきたのを機に，いよいよ地域社会への参加をするに至ったと述懐する。

  うちの場合，子どもじゃなくて親である私が囃子をやろうって子どもを誘って始めているんですよ。というのは，もともと囃子とか子ども会みたいな形で地域との関わりをもつことは子どもの教育って意味でも地域社会にとってもすごく大事だと考えてたんですよね。（…）職場までの距離とか色々な面でよい物件が見つかったんで多摩に引っ越してきたんです。最初に自治会に顔を出して，子ども会があるか聞いたんですが，ここにはないって言われちゃったんですよ。その時に自治会長（囃子連メンバー）さんから子ども会はないけど囃子をやらないかって誘われて。もともと，子どもが山車にのって街を練り歩くのはみててすごくいいなって気持ちはあったんですよね。（…）うちは 1 人っ子だから，囃子連みたいに家族以外の人に子どもが触れるのってすごく貴重なんですよ。それこそ，ふざけてたら家族以外の大人に怒られるし，自分よりちょっと上のお兄さんやお姉さんと話す機会もあるし。（…）子ども会をいっそ作ってくれないかって自治会長さんから冗談交じりでその時お願いされましたけど，そこまではちょっと自分のエネルギーとして無理ですよね。地域のこういうのって，やっぱり元々のやり方にまず則った方がうまくいくと思うんですよ。外から来たのがいきなりゼロから全く新しいことを始めるより，今までのものに乗っていく方が個人としても省エネだし，地域としても問題も少ないでしょうからね。

 ケース F は多摩市に転入した際に囃子連のメンバーでもある自治会会長から誘われる形で囃子を始めている。ケース F の場合，同じ新住民ながらケース E と異なり，子どもの興味からではなく，教育的観点という自分自身の考えから親子で囃子を始めるに至っている。
 とくにケース F は子ども会への入会希望といったように教育的見地から地域活動への関心が高い。しかしながら，自治会長から子ども会の設立を依頼されてもなお，既存の地域組織の活動とは異なる形で新しく地域活動を始めること

には否定的である。そこには，地域社会における価値の序列構造の存在が示唆される。すなわち，新たに地域参入を果たした人びとによって共有され得る価値よりも伝統組織を含めた地域組織によって形成された既存の価値をより重視するべきとする価値の序列構造である。

いずれにせよ，前述のケースCやケースDは転出者が参与することでの伝統組織の維持・存続の可能性を示しているのに対して，ケースEとケースFは地域に転入した新住民による伝統組織の維持・存続の可能性を示しているといえる。そうした異なるアプローチが示しているのは，一つの手段に偏らず，さまざまなルートを介して実践される伝統組織の「総力戦」としての生き残り戦略であるといえよう。

5 「再生された」伝統的集団による地域再編の萌芽

(1) 本章のおもな着眼点

本章は囃子組織といった地域祭りの伝統組織の活動に着目することで，「再生された」伝統的集団による地域の再編の可能性を検討した。祭りや伝統組織に着目した郊外研究では，地域住民の相互交流の核となる祭りや伝統組織の形成・維持における旧住民を主とする安定的な人間関係の重要性が指摘されてきた。事実，本章で調査対象とした囃子組織の運営も，自治会・コミュニティセンター・消防団といったその他の地域組織と日常的な連絡のやりとりを行う必要があり，旧住民による囃子や地域活動は中間組織の連携を通じて実践されていた。しかしながら，住民の高齢化やライフステージの変化にともなう若年・中年層の転出が進む結果，同じ地域に居住し続ける旧住民のみでは組織活動の維持が現実的に不可能な状態になった。こうした旧住民を主とする伝統組織の困窮化は持続可能な地域社会を実現していく上で大きな課題となっている。

そうした困窮化に対して本章が扱った囃子組織は二つの対応を実践していた。すなわち，「転出者とのつながり強化」と「断絶した伝統の積極的活用」である。「断絶した伝統の積極的活用」は都市祭礼における「新たなる伝統」の活用を指摘したこれまでの研究（たとえば松平 1990, 2008）の知見の再確認ともいえ

る。その上で，本論文では郊外の伝統的集団存続の方策として，「転出者とのつながり強化」の意義を新たに提示したい。

（2） 転出者とのつながりの強化

「転出者とのつながり強化」はまさに 2 節で言及した「修正拡大集落論」による山村集落の分析とも重なる。徳野（2014）は地元を転出した住民が地元との関係性を維持し，地元に積極的に参与することによって「限界集落」と呼ばれる山村集落は実は限界に達さず今もなお生き残っているとする。本章での事例が示したのは，このような転出者の積極的な地元との関わりが，徳野が捉えた山村集落のみならず都市郊外においても散見されるという点である。

都市郊外の伝統組織においても，市外へと転出した人びとを準メンバーとして活用することで，持続可能性を確保している。もはや囃子組織は，かつてのように地元で生活を共にする住民同士のみによる運営は難しくなった。しかしながら，地元とのつながりをもつ転出者を積極的に呼び込むことで，活動成員の若返りという新たな活路を見出しているのである。

換言すれば，都市郊外における「修正拡大集落論」の説明可能性は，人口減少と高齢化を迎えた都市郊外における転出者を介した地域形成の新たな可能性を示しているともいえる。この転出者を介した地域形成の可能性は，当該地域に居住する新・旧住民の地域参加に目を向けていたこれまでの郊外研究とはその視点を異にする。「修正拡大集落論」は人口学的分布から「限界」を過度に強調する「限界集落論」に警鐘を鳴らし山村集落の衰退・消滅ではなく「集落変容」による維持・存続の可能性を提示している。郊外社会もまた人口減少・高齢化・都心回帰といった人口学的変化を強いられながらも，既存組織の変容を通して維持・存続を果たそうとしている。このような点を踏まえれば，「修正拡大集落論」のパラダイムシフトは，山村社会のみならず郊外社会の肯定的な可能性をも示していると解釈できよう。

（3） 断絶した伝統の積極的活用

囃子組織のような伝統的集団の場合は転出者とのつながりの維持といった

ネットワークの構築のみならず，組織構成原理としての「伝統」の堅持も中間組織の維持・存続という意味で肝要となる。聞き取りケースにあったように，成員は継続的な練習を通して「囃子曲目の習得」「演奏・踊り技術の向上」「礼儀や作法」を実践しており，そうした実践が，結果として成員間の連帯感を高めていくことになる。ただし，彼ら／彼女らが実践する「伝統」とは必ずしも，「地元に根付いていた昔ながらの地域の伝統」ではない。前節で示したように，囃子連が断絶したことから乞田囃子としての伝統的な囃子の数曲は途絶えてしまっており再現不可能な状況にあった。そうした中で成員は失われた曲目について他地区の囃子連に教えを請う形で乞田囃子の「伝統」を堅持する。他地区の囃子連から教わった囃子が，断絶により失われた乞田の囃子と同一のものかは定かではなく，成員もその点については懐疑的であった。その意味において，もはや乞田囃子の伝統的な囃子は消失したといえる。しかしながら，外部の囃子を取り込みながらもなおも「伝統」を追求しようとする姿勢は，「祭りを支える伝統的な囃子の担い手」として成員の凝集性を高めることに帰結する。

　2節で言及したように「伝統」のない郊外における祭りは，郊外研究において「闇のない祭り」などとして冷ややかな評価が下されていた。しかしながら，本章の分析知見から，そうした「新たなる伝統」がむしろ郊外における地域社会の維持・形成に寄与している肯定的な側面が改めて強調される。囃子連は地囃子の伝統が断絶されたからこそ，既存のやり方にとらわれずに自分たち自身の考えにしたがって外部からの「伝統」を柔軟に取り入れることが可能となった。その結果として外部からの「伝統」の取り入れが囃子や祭りを介した地域社会の維持・形成に寄与していたのである。本章が示した外部からの「伝統」の取り入れの効能は，都市祭礼において「伝統」の解釈をめぐる組織成員間の対立や葛藤を通して「伝統」が更新されていくとする武田や玉野の知見とも共鳴する（武田 2017; 玉野 2005）。そのような点を踏まえれば，たとえ「伝統なさ」郊外社会においても，伝統的な文化が地域社会の形成・維持に果たす肯定的な意義がみてとれよう。

　いうまでもなく，「伝統」の堅持は外部からの参入を困難にさせる障壁ともなり得る。事実，本章でも転出者が転出先での地域祭りに「外様」として疎外

感を覚え，結局出身地域との関係を維持する事例が示されていた。いわば，祭りのソーシャル・キャピタルとしての閉鎖的な側面である。しかしながら，ここで重要なのは「地域の伝統には成員の凝集性を高める順機能と外部からの参入障壁という逆機能がある」という主張ではない。そうではなく，「どのように伝統による弊害を抑制しつつ，順機能の側面を促進していくことが果たして可能であるか」という問いであろう。すなわち，「近代社会における地域伝統の効用はいかにして促進されるのか」という問いである。

　この壮大な問いに対して，本章で十分な回答を示すことは難しい。だが，本章はその分析結果から伝統の「いいとこ取り」を可能にする社会的要因として2点提示しておきたい。すなわち，成員の自覚する伝統文化消滅という危機意識と成員同士の日常的な相互交流である。囃子連の成員は，このままでは囃子も地域祭りもなくなってしまうという危機意識があるからこそ，逆に「伝統」の実践という切り口から生き残りの道を積極的に模索するに至った。しかしながら，新住民など外部からの参入は拒否するといった過度な「伝統」の追求はかえって自滅を招く危険性を帯びる。そこで，囃子連は，演奏・踊りという囃子としての「伝統」を追求しつつも，新住民の参加を積極的に呼びかけることで，伝統組織の維持・存続を進めていたのである。それは，どのような「伝統」を実践していくべきかという課題に対して，成員同士が危機意識をもちながら継続的な相互交流の中で実践した伝統の取捨選択の過程ともいえよう。付言するならば，無策での伝統組織の存続が困難となった地域社会は，新・旧住民の溝を超えた「伝統の再生」による地域社会の形成の好機が訪れたのだとも逆説的に解釈できるのではないだろうか。

　戦後の人口増加を背景として人工的に開発され，現在は高齢化と人口減少に直面する郊外社会における「伝統なき」祭りは，ともすれば「冷めた評価」を受けることが多い。しかしながら，本章はむしろその伝統がないことと，高齢化と人口減少を背景とした地域伝統の消滅という危機意識が，逆に持続可能な地域社会の形成に寄与している点を最後に指摘した。共助型社会に向けた政策形成という点にたてば，新たなる問いが本章の考察より導出される。すなわち，「新住民をはじめとする外部からの流入者も含めて，地域社会存続の危機意識

をもった日常的な交流をいかにして促進していくことが可能であるか」という問いである．本章が対象とした囃子連では成人した新住民が囃子連に加わり，次世代の伝統組織の担い手となりつつある．彼ら/彼女らをはじめとした地域住民が将来どのように伝統を介した地域社会の形成に関与していくのか，今後も注視していく必要がある．

参照文献

鯵坂学，2015，「「都心回帰」による大都市都心の地域社会構造の変動——大阪市および東京都のアッパー・ミドル層に注目して」『日本都市社会学会年報』33: 21-38．

有末賢，1999，『現代大都市の重層的構造』ミネルヴァ書房．

朝日新聞，2015，「雪下ろし団体，福祉の担い手に——広がる共助の横手モデル」秋田県朝刊12月30日付．

稲葉陽二，2016，「都市祭礼とソーシャル・キャピタル」山田浩之編『都市祭礼文化の継承と変容を考える——ソーシャル・キャピタルと文化資本』，ミネルヴァ書房，20-43．

石田光規，2015，『つながりづくりの隘路——地域社会は再生するのか』勁草書房．

石田光規・大槻茂実・脇田彩・井上公人・林浩一郎，2015，「たま・まちづくり研究会の概要と研究報告1」『都市政策研究』9：25-48．

石田光規・大槻茂実・脇田彩・井上公人・林浩一郎，2016，「たま・まちづくり研究会の概要と研究報告2」『都市政策研究』10: 13-74．

金子淳，2009，「多摩ニュータウンにおける「伝統」と記憶の断層」『日本都市社会学会年報』27: 37-48．

乞田囃子連，1989，『乞田はやし連』．

Litwak, Eugene, 1960, "Geographic Mobility and Extended Family Cohesion," *American Sociological Review*, 25(3): 385-394.

松平誠，1990，『都市祝祭の社会学』有斐閣．

———，2008，『祭りのゆくえ——都市祝祭新論』中央公論新社．

三浦展，1999，『「家族」と「幸福」の戦後史——郊外の夢と現実』講談社．

———，2004，『ファスト風土化する日本——郊外化とその病理』洋泉社．

髙木恒一，2004，「郊外の都市社会学に向けて」『応用社会学研究』46: 57-65．

武田俊輔,2017,「再解釈される「伝統」と都市祭礼のダイナミクス——長浜曳山祭における若衆—中老間のコンフリクトを手がかりとして」『東海社会学会年報』9:81-92.

玉野和志,2005,『東京のローカル・コミュニティ——ある町の物語一九〇〇—八〇』,東京大学出版会.

多摩市史編集委員会編,1997,『多摩市史——民俗編』,多摩市.

徳野貞雄,2014,「限界集落論から集落変容論へ——修正拡大集落の可能性」徳野貞雄・柏尾珠紀著『地域の再生11 T型集落点検とライフヒストリーでみえる家族・集落・女性の底力——限界集落論を超えて』,農山漁村文化協会,14-55.

若林幹夫,2007,『郊外の社会学』筑摩書房.

第7章

地域資源としての大学

大槻茂実

1 地域課題の解決手段としての「地元大学」の活用

　深刻な高齢化を迎えた現代の都市郊外は共助を軸とした地域形成の模索状況にあるといえる。財政的観点から公助による福祉政策が行き詰まりをみせる中，住民同士の人間関係をはじめとした共助による地域課題解決が求められているのである。そうした共助の模索は地域社会が保有する地域資源の積極的な活用ともいえよう。

　地域資源の一つとして「地元大学」を活用し，基礎自治体と連携を育むことで地域課題の解決に結び付けようとする試みも始まっている。具体的には，大学教員の専門性の高い研究成果の発表や，住民向けの公開講座の開催などがあげられる。さらに最近では，大学による自治体や地元企業との協働，学生の就職先の創出および人材の育成に必要な教育カリキュラムの実践といった，より積極的な産学官連携も試みられている。そうした積極的な連携の試みは文部科学省が近年推進する「地（知）の拠点大学による地方創生推進事業（COC＋）」でも強調される（文部科学省 2013）。

　その一方で，少子化の煽りを受けて学生数の確保が死活問題となった大学の中でも「生き残り戦略」として地方や郊外から都心へとキャンパスを移転する大学も現れている（週刊朝日 2017）。こうした少子化に起因する大学の都心回帰の流れは，地方や郊外にキャンパスを構える大学の積極的な地域社会との接触と対比的である。したがって，現在の大学としての生き残り戦略は，積極的な都心回帰と，地域に根ざした大学運営の二極に収斂しつつあると解釈できる。

それと同時に，かつての大学の郊外移転が高度経済成長の中で人口や産業の都心への集中を防ぐ対策の一環で進められてきた点を踏まえれば，郊外と都心の間での大学移転は郊外の「開発と衰退」を映し出す鏡ともいえよう。

本章では，地域社会の持続可能性の検討を目的として，とくに郊外に拠点を置く大学の生き残り戦略ともいえる基礎自治体との関係性，すなわち学官連携に着目する。地域資源として大学という高等教育機関を有効活用したい基礎自治体（以下，本章では「自治体」）側と，経営戦略として地域社会との連携に活路を見出したい大学は今後効果的な補完関係を形成することが可能なのか。もしそうした自治体と大学の補完関係が可能であるとするならば，何がその鍵と成り得るのか。本章では大学と自治体の学官連携に着目することで，地域課題の解決として「地元大学」の活用についての検討を行う。

2　大学の郊外移転と地域連携の模索

（1）　大学の郊外移転

そもそも郊外への大学移転はどのような経緯でなされたのか。白川（2007）の整理に依拠すれば，大学の郊外移転は首都圏における産業・人口の過度な集中を防止することを主な目的として制定された二つの法律に端を発する。すなわち，1956年に制定された「首都圏整備法」と，その具体的な制度枠組みとして1959年に制定された「首都圏の既成市街地における工業等の制限に関する法律（いわゆる「工業等制限法」）」である。しかしながら，大都市における大学立地の抑制と，その結果としての大学の郊外移転が本格的に進んだのは，工場等制限法の特例規定が撤廃された1972年以降であった。また，郊外への大学移転や新増設の時期を精査した末冨（2007）によれば，文部省によって1976年に策定された「昭和50年代前期計画」も大学の地方分散を促進させる要因となった。いずれにせよ，このような人口の都心集中の抑制として整備された法制度が大学の郊外移転の契機であったと判断できる。

本書が分析対象地域とする多摩市は，戦後に生じた首都圏の人口集中の煽りを受けた地域であった。戦後の首都圏における人口増加にともない快適な居住

環境を大量に供給することを目的として開発された「多摩ニュータウン」はその象徴といえる。同様に，前述の1970年代以降の大学の郊外移転もまたそうした戦後の人口集中と抑制の象徴的な社会変化であったとみなせる。

表7-1では多摩市内にキャンパス・研究施設の一部を含めて大学施設の移転あるいは開設を行った大学名と移転・開設年を示している。1966年に帝京大学キャンパスが八王子市との

表7-1 多摩市に移転した大学（開校を含む）と設置年

帝京大学	1966年
大妻女子大学	1988年
多摩大学	1989年
国士舘大学	1992年
恵泉女学園大学	1997年
東京医療学院大学	2012年
桜美林大学	2016年

注：キャンパスの一部が多摩市内に設置された場合も含む。

境界を挟んで立地されるが，その他の大学は1980年代後期以降に大学施設が設置されていることがわかる。前述の白川と末冨の整理に依拠すれば，大学の郊外化は1970年代後半以降に本格化したことになるが，多摩市における大学の移転・設置はとくに1980年以降顕著になったと位置づけられる。

（2） 大学と地域連携の模索

それでは，1970年代以降に郊外に移転・設置を果たした大学は地域社会とこれまでどのように関わっていたのだろうか。白石（2014）は，教育や研究に続く大学の「第3の使命」についての海外での研究動向を参照しつつ，日本の大学の「第3の使命」として大学の社会貢献を取り上げ，その概況を法改正の観点から捉えている。白石によれば社会貢献に関する大学の位置づけが明文化されたのは教育基本法が改正された2006年以降であった。したがって，法制度として日本で大学に地域社会に対する積極的な社会貢献が求められるようになったのは比較的最近の現象であるといえる。事実，内閣官房都市再生本部が「都市再生プロジェクト（第十次決定）」における「都市の課題」として，「大学と地域の連携協働による都市再生の推進」を提示したのは2005年であった。こうした点も大学と地域の実態的な連携が近年になって進められてきたことを傍証しているといえよう。

大学と地域の連携の内実からも，学官連携が比較的最近の試みであることが読み取れる。深沼（2010）は大学と地域の連携についての事例を整理検討し，

地域特性に基づく多様性に留意した上で，連携の内容が多岐にわたっていることを指摘している。その一方で，深沼は，連携の内容が非常に多岐にわたるという事実から，積極連携はまだ試行錯誤の段階にあり連携の内容が定着していない可能性もあると述べている。事実，学官連携の内実がミスマッチな状況にあることは他の研究からも報告されている。塚原（2007）は大宮（2006）の調査結果を踏まえつつ学官連携のミスマッチの可能性を指摘する。すなわち，自治体側は「シンクタンクとしての役割」や「地域政策や地域づくりに関する提言」といった専門性の高い役割を大学側に求め，その一方で，大学側は「公開講座の充実」や「住民の教養の向上」といった地域貢献を自らの役割としているのである。[1]

こうした学官連携のミスマッチは何を示しているのだろうか。連携の歴史がまだ浅いという点だけではない。重要なのは，人口増加という外在的な社会変動に対応する形で郊外に進出した大学が，郊外社会が内在的に抱える地域課題解決に資する十分な役割を担うまでには至っていないという点であろう。したがって，大学と自治体による学官連携の効果的な結びつきがいかにして可能であるのかを検討する必要性は高い。

3　学官連携の焦点

前述のような整理に基づけば，大学は70年代後半以降の郊外移転ブームに乗って，「地元大学」として郊外社会に拠点を構えるに至った。一方で，自治体をはじめとした地域社会と大学の効果的な結びつきはいまだ模索状況にあるというのが，現在の大学と郊外地域社会の関係である。そうであるとすれば，都心回帰の流れに留意しつつも郊外に立地する大学と自治体の連携促進に対する社会的要因を検討することが重要であろう。それは，学術的観点のみならず学官連携を核とした地域社会の活性化を目指すといった政策形成の観点からも

---

[1] ただし，塚原も指摘しているように，自治体と大学それぞれが期待する役割の食い違いは質問項目のデザインによる可能性もある。

同様である。

　そこで，本章では学官連携関係者に対する聞き取り調査の内容を探索的に分析することで，地域資源としての「地元大学」の可能性について検討を行う。聞き取り調査は 2016 年に筆者が実施した。聞き取り調査では，学官連携が開始された経緯と，学官連携を進めていく上で現在認識されている課題を把握することを焦点とし，大学と自治体の連携事情に明るい多摩市役所職員および多摩市にキャンパスを設置する大学（多摩大学および大妻女子大学）の教職員を聞き取り対象とした。[2]

4　データからみる大学の「地域貢献」の課題

（1）　多摩市企画政策部企画課長H氏に対する聞き取り

　まずは，学官連携の自治体側からの視点として多摩市企画政策部企画課長H氏に対する聞き取り内容をみてみたい。そもそも多摩市が大学と連携協力を始めたのはいつからなのか。実はこの点について，多摩市も正確な情報を把握しているわけではない。

> 　大学との連携については，実ははっきりとは始まりのところはわからないんですが，最初に大学と基本協定を結んだのは平成 15 年（2003 年）あたりでしょうね。その頃，ちょうど構築していた多摩市の総合計画（第 4 次総合計画後期基本計画）の中に大学と一緒に何かやってきたいという意図が市のアイディアとして盛り込まれたんです。ただ，大学とのつながりということでいうと，平成 4 年（1992 年）頃からゆるやかに連携が始

---

[2] 本章で調査対象とした多摩市および 2 大学は産学公連携促進組織である「ネットワーク多摩」に加盟している。2000 年代前半の時期は自治体と大学は「ネットワーク多摩」および前進組織である「大学サミット多摩 2000 ――大学の挑戦多摩の未来を創る」を介した連携を試みていた。しかしながら，現在においてはそうした中間組織を介さず大学と自治体の直接のやりとりによる連携が活発となっている。ネットワーク多摩についての詳細は細野（2002）および公益社団法人学術・文化・産業ネットワーク多摩資料（2016）を参照されたい。

まった感じですかね。平成 23 年（2011 年）頃になると年間で 50 近くの連携事例がでるようになったんですが，最初の頃のことは実は詳しくは把握していないです。
（…）
協定が結ばれる以前も，連携はあったんですが，それが体系化された形で積極的に進んだのは協定が結ばれた以降なんですよ。それまでは各部署で連携を行うことはあっても，市全体的として把握することはなかったものですから。各部署でどういうことをやっているのかが把握しづらい中では，バラバラに動いちゃっていたんですよ。それでは市として把握しづらいんでしょうね。それこそ，昨日はある大学の研究室に子供青少年部が連携をお願いしに行って，今日は同じ研究室に環境部がお願いしに行ってとか（笑）。協定を結ぶ前は交通整理もできていないような状況だったんですよ。
（…）
基本協定が結ばれると，それまで各部署で進めていた内容が一元的に把握できるようになるという利点があるんですよ。いわば，窓口のようなものが出来上がるんで。それまで各部署でバラバラに大学とつながっていたとしても，市として把握することが難しかったんです。それと同時に，お互いに何が必要で，どういった形で協力し合うことが可能なのか明文化することができたんですね。

2003 年に連携協定という形で正式な学官連携が開始されたことから，一応この年をもって協定という形での学官連携が開始されたといえる[3]。しかしながら，聞き取り内容にあるように，90 年代初頭から自治体内の各部署と大学が個別につながる試みはなされていたため，自治体全体としての把握はしていな

---

3) 多摩市が協定を結んだのは以下の大学である。恵泉女学園大学（2003 年 6 月 1 日締結），多摩大学（2003 年 6 月 1 日締結），大妻女子大学（2003 年 6 月 1 日締結），国士舘大学（2003 年 7 月 1 日締結），中央大学（2003 年 8 月 1 日締結），多摩美術大学（2004 年 12 月 1 日締結），首都大学東京（2006 年 7 月 1 日締結），桜美林大学（2011 年 2 月 16 日締結），東京医療学院大学（2012 年 6 月 1 日締結）。

いものの，学官連携は2003年以前からも各部署単位で実践されていたと位置づけられる。

そして，自治体内の部署単位で大学との個別の連携が実践されていたという事実は，自治体全体としての画一的な形ではなく，現場的ニーズに基づいた形で大学との連携が始まった可能性を示している。大学あるいはその専門性に対する現場の需要は次の応答からも確認される。

> Q．大学との連携について市に対して都や国などからの要請はありましたか。
>
> いいえ。これはあくまで多摩市として地元の大学などとの連携が必要であろうという意識から自発的に進んでいったものです。実際のところ，こういった連携のために国や東京都から特別な予算が発生するなどといったこともなかったですし。あくまで，多摩市として必要性があるといった判断からのものでした。意思決定としても，市長からのトップダウンというよりは，現場の職員を含め，現場で行政として単独でやるんじゃなくて大学なんかとの連携が必要だよねってことで，そういった土台みたいものが各部署などですでに出来上がっていたんです。それを改めて位置づけるといったことだったんですね。

この発話にあるように，90年代から徐々に活発化していった学官連携は当初は自治体側の現場からの需要に呼応する形で始まっていたのである。つまり，東京都や国といった「外部」からの強い要請があったわけではなく，あくまで現場視点での地域活性化の必要性から地域資源としての大学への連携要請がなされたのである。そして，この自治体側の需要に基づいた学官連携は次の発話にあるように徐々にその内実が変化していくことになる。

> 基本協定が結ばれる前は講座とかイベントの協力が多かったみたいですね。典型としては，地元のお祭りへの大学関係者の参加，学童クラブの運

営に携わるとかボランティア的な活動に携わるとかですね。たとえば，イベントなどがあった時に大学によく参加してもらっていました。具体的な例をあげると，パルテノン多摩で恵泉女学園大学さんに参加してもらってそこでハンドベルなんかをやってもらったり，公開講座をやってもらったり，公民館のお祭りなんかで恵泉女学園大学の先生に野菜作りなどをレクチャーしてもらったりなどですね。
(…)
それが，協定以降は単なるイベントだけではなく，お互いにもっと研究をしましょうと少し内容が変わりましたね。たとえば，多摩大学さんと多摩市と（化粧品・健康食品メーカー名）さんで健康増進のための研究といった，大学と市だけでなく，企業だったり，地域だったり，それまでは大学と市との連携にくらべて，幅が広がってきたかなという感じはしています。
(…)
ここ数年は大学側がむしろ連携に積極的になってきたという印象がありますね。以前，ある大学の先生が，「大学側も地域貢献とグローバル化を進めていく必要があるといった「お達し（笑）」を国から受けているので，大学側も地域貢献を積極的にする必要があるんですよ」と仰っていましたから。

　2節で示したように学官連携において大学と自治体が求める連携のあり方にミスマッチが生じていることが報告されている。多摩市の場合，そうしたミスマッチの状況であったかは不透明である。しかしながら，少なくとも連携の回数が増すにつれてその内容がより地域課題解決といった実学的な方向にシフトしていることが聞き取り内容から指摘できよう。
　その上で，ここでは連携が始まった当初とくらべて大学側の積極化という形で連携の内容が変化していることを強調しておきたい。H氏の発話からそうした大学側の積極化は連携協定が締結された後，すなわち比較的最近になって顕著になっていることがわかる。また，そうした大学の積極化という学官連携の質的転換は国による「お達し」に基づいていることが指摘されるが，この点

は後述の大学教職員に対する聞き取り内容で改めて検討を行う。

Q．大学との連携を進めていく上で現在のところ抱えている課題はありますか。

　連携の試みとして色々やってはいるんですけど，まだ点と点なのかなという気はしているんですよ。それぞれの地域で色々な活動なんかをやってはいるものの，それがまだそこだけでやっている感じで，まだ他の地域にまで広がっていくってところまではいっていないって感じがするんですよ。(…)
たとえばある地域で，大学の学生さんが地域の課題解決ということで，ひきこもっているお年寄りを呼び寄せてお茶のみ会に誘ったりとかですね，そういう活動は個々に点では起こっているんですけど，それこそ多摩市全体として広がっていくっていうところまでにはいっていないんですよ。個別地域に大学側にも入ってもらって生まれた活動や連携をいかに継続させて，その上で多摩市全体に広げていくか。そういう連携の広がりとか，継続性のようなものが課題なんでしょうね。それは行政の課題なのかもしれませんけどね。

　自治体側が認識する現在の学官連携の課題としては，個別地域で実践させる学官連携が地区を超えて多摩市全体にまで及んでいないことがあげられる。このことは聞き取り内容にあった「点と点の連携」という表現に集約される。多摩市の地域社会が分断状況にあることは石田の研究（2015）や本書の第Ⅰ部でも報告されているが，多摩市職員が点と点の学官連携を政策課題と位置づけ，継続性をもった広域的な連携にしようとする試みは，まさにそうした分断状況に対する自治体側の姿勢の回答とも解釈できる。しかしながら，現在のところ，学官連携自体が効果的に機能し始めた歴史が比較的浅いこともあり，その試みは明確な成果という形で結実するに至っていない。また，本書の他章にあるように地域社会の分断要因が住民の社会経済的地位の違いや地域の歴史性にある

のだとすれば,そもそも自治体と大学による連携が地域社会分断の特効薬となるのかは疑問が残る。

はたして,学官連携は郊外地域社会の分断状況の処方箋の一つとなりえるのか。大学の自治体と学官連携を今後も注視していく必要があるが,ここでは多摩市がかかえる学官連携の課題として連携の広域化と継続化を指摘するにとどめたい。では,学官連携のパートナーである大学側はどのように認識しているのだろうか。続いて大学側の聞き取り内容をみてみたい。

(2) 大妻女子大学地域貢献担当者Y氏に対する聞き取り

多摩市内にキャンパス(多摩キャンパス)を立地する大妻女子大学は2003年に多摩市との協定を結んだ。多摩市と協定を結んだ全大学の中でももっとも早い時期に協定を結んだ大学の一つである。現在では,多摩市が2016年度から推進する「健幸まちづくり」事業に対して大妻女子大学の教員が高齢者の運動促進プログラムを提示するなど積極的な連携が行われている(図7-1参照)。しかしながら,協定が結ばれた2003年当初はそこまで積極的な連携が行われていたわけではなかった。

資料:多摩市HP(http://www.city.tama.lg.jp/0000005148.html)。

図7-1 「健幸まちづくり」事業

2003年に(多摩市との)連携に関する協定は結んでいましたが,具体的な動きはとくになかったんです。渡辺幸子前市長が子育てしやすいまちづくりを公約にあげて当選したこともあり,幼稚園(「市立多摩幼稚園」)の跡地に「多摩市立子育て総合センター(2009年開園)」ができた際に,その業務委託を本学が受けることとなったんです。

上記のように，大妻女子大学の場合は2009年に開園した「多摩市立子育て総合センター」を多摩市から業務委託を受ける形で学官連携が本格的に開始される。その際には，業務委託という形で自治体側からの大学に対する積極的な要請の上で連携が始まっている点を強調しておきたい。この点は，前述の多摩市側に対する聞き取り内容とも一致する。また，業務委託とあるように大学にとっては予算確保が学官連携の動機となっている点も見逃せない。Y氏は大学にとっての学官連携の動機を以下のように説明する。

　　授業料収入が主な資金収入の大学にあって，受験生・社会から選ばれないと，今の時代大学は大学経営のための予算確保が死活問題なんです。更に，地元に対しての社会貢献・地域貢献が，大学の評価にもなっています。どこの大学も似たようなものだと思いますが，本学も正直なところを申し上げますと，「地域貢献」というのは国からの補助金獲得という部分もあるんですよ。私立大学等改革総合支援事業というのが2013年度から始まったんですが，総合支援事業を通しての私立大学等経常費補助金の加算確保となると，そこでのタイプ2の「地域発展」あるいはタイプ4の「グローバル化」という形でポイントを獲得したいわけです。もちろん，先生方の研究や学生の教育のためにも，地域社会や行政と何か一緒にやっていくというのもあります。でも，大学にとっての学官連携の現実というのはそれだけではなくて，行政と手を組んで地域貢献として具体的な結果を出すことで，地域に評価される，受験生を減らさない広報の部分と，自分たちの予算の確保をするという部分もあるんですよ。

　Y氏の説明にあるように，大妻女子大学にとって学官連携には補助金獲得という狙いがあるといえる。すなわち，2013年に始まった文部科学省による私立大学改革総合支援事業でタイプ2に位置づけられる「地域発展」のアピールである。文部科学省（2017）によれば，私立大学改革総合支援事業は複数のタイプごとに点数制による支援対象校を選定する。タイプは2016年度時点では次の四つに分類される。すなわち，タイプ1「教育の質的転換」タイプ2「地

域発展」タイプ 3「産業界・他大学等との連携」タイプ 4「グローバル化」である。このような補助金獲得が主な動機なのであるとすれば，大学にとっての学官連携は打算的な狙いに基づいたものであることは否定できない。しかしながら，後述するように，こうした打算的な狙いに基づく大学の連携に対する積極化はむしろ学官連携の成熟へと帰結していくことになる。まず，大妻女子大学側からみた学官連携の課題を提示したい。

Q. 行政との連携を進めていく上で，見えてきた課題などはありますか。

　やっぱり，ありますね。というのは，多摩市のやっている政策なんかはそれ自体，すごく良いアイディアだなと思うものも多いんです。実際，本学は「健幸まちづくり」といった形で一緒に連携したりしてるくらいですし。ですが，市政予算の主体（税金）には限度があり，予算的に消極的な内容に終わっちゃうことも多いんですよね。「何か一緒にやりましょう」ってなっても，予算的に継続的なビジョンが見えないって感じなんです。たとえば，何か良いアイディアがでてきても，それについてのシンポジウムを数回やる程度で終わっちゃったりすることもあるんですよ。シンポジウムだけでは当然もったいないわけで，継続的なイベントとかを目指して「じゃあ来年度もやりますか？」ってきいても，「それはわかりません」って返答されちゃうんです。結局，単年度の予算で動いたりすると，継続的な活動ができないんですよね。
(…)
今はこういう時代なんで，何かイベントをやろうってなると，実際の実働の部分は市民のボランティアって形で進むこともありますよね。でも，そういうイベントが仮にできたとしても，1 回きりで終わっちゃって，市民がもっとやりたいって声があがっても，結局その後が続かないなんてことになっちゃうんですよ。そういう意味で，行政との連携というのは継続

---

4) タイプは固定的なものではなく，たとえば 2017 年度予算案よりタイプ 5「プラットフォーム形成」の新設が提示されている。

性っていうのが課題なんでしょうね。担当の職員さんなんかは本当によくやってくれたり，熱心な方も多いんですよ。でも，結局は個人じゃなくてお役所の構造的な部分で問題があるんでしょうね。担当の職員さんもかなり熱意をもって携わっても，それが次年度以降に続く保証がないので，アイディアをしっかりとした形に発展させるのが難しいんですよね。

　学官連携の課題として大妻女子大学は，前述の自治体の聞き取りと同様に，連携の継続性をあげているが，とくにここでの継続性は自治体からの予算確保の意味もある。すなわち，継続的な予算の確保が保証されない状況では学官連携によるイベントは単発的な内容とならざるを得ない。その結果，大学側が批判するように学官連携は単発の「打ち上げ花火」に終始してしまうのである。では，そうした連携の継続性という課題に対して，大妻女子大学はどのような対策を検討・実施しているだろうか。Y氏は以下のように話す。

　　実は，本学の場合は大学がやっている地域発展のイベント企画に多摩市さんに入ってもらうようにしたいと思っています。それこそ，後援といった形です。つまり，多摩市さんには予算的なコストは一切発生させないので，そのかわり，多摩市という名前を大妻のイベントに使わせてもらえないかと。
　　(…)
　　たとえば本学が何か地域的なイベントをやったとしても，それだけだとなかなか住民や市外の方への積極的なアピールにはならない部分もあるんですよね，大学単体でしかないので。ですが，そこに多摩市っていう行政の名前が加わってくれれば，やっぱりイベントに対する信頼性も高まると思うんですよね。それこそ，自治体の名前が後援に入っていれば，市外や遠方から来た人もイベントに参加しやすくなるでしょうし。大学の場合には，教員の専門性と学生と施設というのが一番の魅力だと考えています。学官連携というのは，そこをうまく活用していくことが望ましいと思うんですよね。大学の場合，教員の研究なんかと合致すれば，自治体と違って比較

的長い期間にわたって地域イベントなんかに携わることができると思うんですよ。ただ，大学単体で何かやるにしても限界があるので，そこに多摩市さんに入ってもらうことでブランド力を高め，行政のビジョンを把握し次の地域貢献につなげていきたいんですよ。もちろん，本学としてはそうやって地域発展を進めていくことで，地域に評価され受験生に評価され，ひいては，国からの補助金を加算するというメリットがあります。でも，そういう形をとることで，連携がうまくいくと思うんですよね。

「打ち上げ花火」的な学官連携への対策として，大妻女子大学は大学の主体性を踏まえた学官連携のあり方を提案している。すなわち，従来のように自治体側の要望や予算を前提に学官連携を進めていくのではなく，大学側の人的資源や予算を活用し，そこに自治体が加わる形での学官連携のあり方である。

大学側がそのような形でコストを払いながら自治体との連携や地域貢献を進める積極的な理由としては，国からの補助金獲得の狙いがあることは明白であろう。つまり，大学としては後援という形でも自治体との結びつき，「地域貢献」を強める必要があるのである。その意味でいえば，大妻女子大学が提示する新たな学官連携のあり方は，大学経営という台所事情を背景とした打算的な連携である点は否めない。しかしながら，こうした打算的な結びつきは，従来のような単発的な内容に終始せざるを得なかった地域イベントに継続性をもたせる可能性を秘めている。その意味で，従来の学官連携よりも発展性を帯びるとも解釈出来よう。大学側に打算的な目論みがありながらも，結果として大学の積極性という点で産学官連携が見直されているという事実は，次の多摩大学の取り組み（「大いなる多摩学会」）にも現われている。

（3） 多摩大学経営情報学部 中庭光彦教授（および地域活性化マネジメントセンター事務課 M 氏）に対する聞き取り

多摩大学も大妻女子大学と同様に 2003 年に多摩市と協定を結んだ大学である。とくに大学名に「多摩」があるように，多摩大学は典型的な地域密着型の大学であると位置づけられる。ここでは，そのような地域密着を地でいく多摩

大学が多摩市との学官連携についてどのような課題を認識し，またそうした課題に対してどのような対策を講じているのかを提示する。

> Q．多摩市との連携を進めていく上で課題となっていることはありますか。
>
> 　私見ですが，行政の場合どうしても縦割り構造があり，その結果課題解決ができないという部分が出てきてしまいます。それぞれのセクションで動くことになるので，結局全体としての成果が上げにくくなるんですよね。たとえば，中心市街地の活性化というテーマがあったとして，そのテーマにアプローチするにしても，都市計画，交通，商工振興，住宅関係，福祉部門といったように，複数の部門にまたがって解決していかないといけないわけですよね。でも，実際には，行政組織は縦割りになってしまっているので，そこでの情報を共有しきれていないわけですよ。産学連携に行政が加われば何かうまくいくよねということで，協定なんかも結ばれるわけですが，そういう縦割りがあるものですから，実は問題の解決にまで辿り着かないんですよね。これも私見ですが，大学側にもそうした問題があると思います。つまり，各専門分野で地域課題に個別にアプローチすることはできても，それを横断的に進める部分は弱いわけですよ。学際的な組織はあっても，課題解決に向けた学際的なアプローチまではいっていないと思います。

　多摩大学の場合，産学官連携を進めていく上での課題としては，とくに「縦割り構造」を課題として認識している。この縦割り構造に関する指摘は，大学との協定が締結される以前は各部署による大学との結びつきに終始してしまっていたという前述の自治体側の聞き取り内容とも共鳴する。

　中庭教授はそうした縦割り構造の弊害は自治体ばかりでなく，大学側にも生じていると指摘する。その上で，そうした課題に対応する形で，多摩大学が新たな産学官連携の形を作りつつあるとする。具体的には多摩大学が起点となっ

資料:「大いなる多摩学会」HP (http://www.tamagaku.jp)。
図7-2　「大いなる多摩学会」

て2016年度に発足された「大いなる多摩学会」である(図7-2参照)。

　「大いなる多摩学会」の特徴は研究プロジェクト(課題)をベースにしている点にあります。たとえば,現在進行中のプロジェクトとして「健康まちづくり産業」プロジェクトなど四つのプロジェクトがありますが,そういうプロジェクトというのは,最初にある企業や行政から持ち込まれた課題に対して,この指とまれといった具合に旗をあげるわけです。それで,それに興味を示した他の企業や行政なんかも集まってくるといった具合です。
(…)
以前と違って現在はただ連携をすればいいという段階ではないと思いますね。そこにしっかりとした成果を求めていかないと,連携自体が持続しないのではないでしょうか。そこで出来上がった連携の成果は情報かもしれませんし,研究成果かもしれないし,教育による人そのものかもしれませんが,そういう成果をストックして連携先と共有していくことがとくに重

要だと思っています。そうでなければ，連携はシンポジウムが精一杯でそれ以上持続しないでしょうから。

　上記のように，中庭教授によれば「大いなる多摩学会」は組織ありきの連携ではなく，課題を中心にして連携を進めていくという特徴をもつ。そして，そうした特徴の実践には，継続性に難があった従来の産学官連携を発展させる意図があると解釈される。具体的には，「大いなる多摩学会」という形で大学（学会）が連携の受け皿となり，企業や自治体の抱える課題を解決していくのである。

　聞き取りにあるように，「大いなる多摩学会」では企業や自治体が個別に抱える課題を中心に連携を構築していく土台（プラットフォーム）を大学が担うことが想定されている。「大いなる多摩学会」の試みも，前述の大妻女子大学の事例と同様に，（産）学官連携を進めていく上で大学が始めた積極的なアピールと解釈できる。そして，こうした大学の動きはやはり私立大学改革総合支援事業が遠因していると判断できよう。

5　「とりあえず」の連携からの脱却——持続可能な学官連携へ

　本章では，郊外に拠点を置く大学と自治体との学官連携に着目することで，地域課題の解決における「地元大学」の活用についての検討を行うことを目的とした。具体的な分析では，多摩市役所職員と2大学の教職員に対する聞き取り調査の内容から学官連携の課題と展望を検討した。聞き取り調査の内容は以下の3点に要約される。第1に，学官連携が具体的に始まったのは2000年代以降であった。第2に学官連携が始まった当初は局所的・消極的な内容という意味で「とりあえず」の連携という段階にあった。第3に近年になるとそうした「とりあえず」の連携ではなく，大学が主体的に関わる学官連携が生じつつあることが明らかとなった。

　大学側にとっての学官連携は私立大学等改革総合支援事業に代表される国からの補助金獲得といった大学の経営的な必要性が連携の主な動機の一つとなっ

第7章　地域資源としての大学

ていた。いうまでもなく大学にとって行政，とくに自治体との連携の本来の目的は，社会貢献として大学の専門知を地域社会に還元することであろう。しかしながら，そうした目的がありつつも，大学経営の困難な状況においては，「地域貢献」にともなう補助金の獲得も大学にとっての学官連携の主要な動機の一つとなっていることも容易に想像される。

　大学側に打算的な目論みがあることは否定できない。しかしながら，本章はそうした補助金を介した学官連携が，自治体と大学の双方にとって win-win の関係となり得ることを指摘したい。まず，自治体にとっては大学が発する専門性による持続的な地域政策が実現可能となる。そして，予算確保が課題となっている大学にとっては自治体との主体的な連携を進めることで補助金確保に活路を見出すことが可能となる。その結果，自治体依存型の学官連携からの脱却が体現されることになる。事実，本章が調査対象とした2大学はこれまでの自治体（およびその予算）を主体とした学官連携から脱却し，大学がより主体的に関わる形での（産）学官連携を試行していたのである。

　ここで強調しておきたいのは，こうした各大学の試みの成否ではない。そうではなく，公助から共助への転換が迫られる中，2000年代初頭から始まった学官連携が，大学の積極化という形で質的な転換期に差し掛かっているという事実である。すなわち，学官連携という共助が大学と自治体の単なる結びつきの段階ではなく，持続性あるいは発展性をともなう段階に達したのである[5]。いうまでもなく，そうした産学官連携の質的変化の遠因には補助金という「ご褒美」による国の間接的な方向づけがあることは明白である。しかしながら，そうした国の間接的な方向づけによる連携は，持続性をともなった高次の地域施策を実現させる可能性を結果として秘めているのである。

　国の間接的な方向づけが持続性をともなった学官連携を左右するのであれば，国による制度の継続性こそが学官連携の要となる。つまり，「私立大学等改革総合支援事業」あるいは「地（知）の拠点大学による地方創生推進事業

---

5) 中庭（2017）も地域コミュニティおよびその政策が近年になって自治体に一定程度依存していた段階（「コミュニティ2.0」）から参加者の主体性と多様性が増大した「コミュニティ3.0」へと変容しつつあることを指摘している。

（COC＋）」に代表される国からの予算が学官連携の継続可能性に直結するのである。このことは公助型社会から共助型社会への転換には逆説的に国による継続的なサポートが必須であることも意味する。

　公助型社会から共助型社会への転換は公的財政の困窮化に起因する。しかしながら，本章の分析から導出されるのは，共助型社会への転換においてはむしろ国や広域自治体による積極的な連携の推奨が望まれるという点である。換言すれば，学官連携をはじめとした郊外社会における共助のあり方に対して，国や広域自治体の目指す明確なビジョンと制度的継続性の保障が尚一層求められているのである。

　ただし，こうした政府の積極的な共助への参与は官の学への干渉ともなり得る。国立大学の大学改革を検討した山口（2017）は政府によって目標設定と達成評価がすすめられる昨今の大学改革を「トップダウン型の施策の押しつけ」と強く批判する。山口の指摘にあるように，政府主導の大学改革（あるいはその派生としての学官連携）には，大学の実情を軽視した大学間競争を煽る危険性を孕むのである。したがって，国からの補助金を当てにした学官連携が，将来的に深刻な弊害を生む可能性は否定できない。しかしながら，本章でみたように補助金を介して国に間接的に方向づけられた結果，現在のところ学官連携は持続可能な内容に発展しつつあるという点も公平に評価されるべきであろう。

　ニュータウンをはじめとする郊外開発によって分断状況が生まれたとするならば，多摩市の分断状況は40年以上の歴史をもつとも解釈できる。その一方で，多摩市と大学の学官連携が積極的に行われたのはまだ数年に過ぎない。とすれば，地域つながり再生の糸口を地域資源としての大学の活用に求めるのはあまりに早急なのかもしれない。しかしながら，大学の都心回帰という構造転換が目前に迫る現在では，それほど悠長な時間は残されていないのもまた事実であろう。経済的競争論理に対する産学官連携の可能性を今後継続的に注視していく必要がある。

---

6) 渡辺（2017）も「私立大学等改革総合支援事業」などによって私立大学の教育・研究に対する国の関与や介入が増大していく可能性を指摘した上で，私学財政が補助金増額で好転する可能性には否定的な見解を示している。

参照文献

深沼光，2010，「大学と地域の連携——継続の効果と課題」『日本政策金融公庫論集』7: 21-47.

内閣府地方創生推進事務局，2005，「都市再生プロジェクト（第十次決定）（2018 年 1 月 4 日取得 http://www.kantei.go.jp/jp/singi/tiiki/toshisaisei/03project/index.html）.

細野助博，2002，「『学術・文化・産業ネットワーク多摩』の本格始動」『Hakumonちゅうおう』夏季号: 28-34.

石田光規，2015，『つながりづくりの隘路——地域社会は再生するのか』勁草書房.

公益社団法人学術・文化・産業ネットワーク多摩，2016，『network TAMA: 多摩からはじめよう 未来につなげるまちづくり』.

文部科学省，2013，『地（知）の拠点大学による地方創生推進事業（COC＋）』（2018 年 1 月 4 日取得 http://www.mext.go.jp/a_menu/koutou/kaikaku/coc/）

―――――，2017，「私立大学等改革総合支援事業-平成 28 年度私立大学等改革総合支援事業について」（2018 年 1 月 4 日取得 http://www.mext.go.jp/a_menu/koutou/shinkou/07021403/002/002/1340519.htm）.

中庭光彦，2017，『コミュニティ3.0——地域バージョンアップの論理』，水曜社.

大宮登，2006，「地域と大学との連携」『人と国土 21』31(6): 21-24.

白石克孝，2014，「地域社会インフラとしての大学」白石克孝・石田徹編『持続可能な地域実現と大学の役割』，2-17.

白川優治，2007，「工業等制限法における大学に対する規制の変遷—— 1960 年代の法改正を中心に」米澤彰純編『都市と大学の連携・評価に関する政策研究——地方分権・規制緩和の時代を背景として』平成 17-18 年度科学研究費補助金基盤研究（C）研究成果報告書，大学評価・学位授与機構，43-51.

週刊朝日，2017，「私大キャンパス移転　勝ち組と負け組は？」，（2017 年 3 月 24 日号），朝日新聞出版.（2018 年 1 月 4 日取得 https://dot.asahi.com/wa/2017031300060.html?page=2）

末冨芳，2007，「大学立地政策は何をもたらしたか？——東京都所在大学の立地と学部学生数の変動分析」米澤彰純編『都市と大学の連携・評価に関する政策研究——地方分権・規制緩和の時代を背景として』平成 17-18 年度科学研究費補助金基盤研究（C）

研究成果報告書，大学評価・学位授与機構，53-72．

塚原修一，2007，「大学の地域貢献をめぐる政策動向」米澤彰純編『都市と大学の連携・評価に関する政策研究——地方分権・規制緩和の時代を背景として』平成17-18年度科学研究費補助金基盤研究（C）研究成果報告書，大学評価・学位授与機構，29-42．

渡辺孝，2017，『私立大学はなぜ危ういのか』，青土社．

山口裕之，2017，『「大学改革」という病——学問の自由・財政基盤・競争主義から検証する』，明石書店．

第8章

官民連携による「ニュータウン再生」の模索
―― エリアマネジメントとエリアリノベーションの試み

林　浩一郎

1　官民連携によるエリアマネジメント

　これまでの章から，地域社会における市民の「連帯」や「つながり」だけでは，ニュータウンや団地の「再生」は難しいことが見えてきた。それでは，「陳腐化」「老朽化」「少子高齢化」したニュータウンを，どのように「再生」するのか。

　そもそも，「ニュータウン再生」とは何だろうか。学識経験者・東京都・都市再生機構・多摩市で構成される「多摩ニュータウン再生検討会議」は，2015年に『多摩ニュータウン再生方針』を提出した。その方針の一つは，「若い世帯を『惹きつけ』た後，ライフステージに合せて地域内を自由に『住替え』できる循環構造を，まちが備える」ことである。これにより，まちが持続化する仕組みをつくるのだという。そこでは，建築面での「再生」だけではなく，ニュータウンに若い世代を招き込む住民構成の「再生」も求められている。

　その「再生」にあたって重要なことは，「すべての地域に住む人びとの生活の持続可能性を考慮しつつも，市場的な効率性を見据え」ることである（序章）。それでは，いかなる主体が，どのように「ニュータウン再生」を図るのか。本章では，「公的セクター」（都市再生機構・東京都・多摩市など）と「民間セクター」（民間事業者）の連携によって，「若い世帯を『惹きつけ』」，「公平性」と「市場性」を兼ね備えながら，ニュータウンを「再生」する方策を検討する。

　多摩ニュータウンでは，行政や日本住宅公団（現：独立行政法人 都市再生

機構）といった「公的セクター」と「市民セクター」だけで，まちづくりをしてきた傾向が強い。というのも，多摩ニュータウン開発は「新住宅市街地開発法」（1963年12月公布施行）を適用した計画用地の全面買収方式による公共事業だったからだ。全面買収方式のため，極めて公共性の高い事業とされ，その施行者は日本住宅公団・東京都・東京都住宅供給公社に限られ，民間企業の参入の余地はなかったといえる。

たしかに，1985年3月，新住法は改正され，施行者が民間住宅事業者に用地を譲渡可能になった¹⁾。とはいえ，あくまでも一部の特別地域の民間住宅事業者参入であった。そのため，多摩ニュータウン開発は，官主導の住宅開発であり，民間企業の参入は限定的だった。これが，多摩ニュータウンでは，行政・公団と市民だけで，まちづくりをしてきた傾向が強い一つの理由となっている。

では，官民が連携してまちづくりをするには，どのような仕組みが必要なのか。近年，「エリアマネジメント」というまちづくり手法が脚光を浴びている。エリアマネジメントの特徴は以下3点である。第1に，地域価値を向上させるための，市民・事業者・地権者による絆²⁾をもとに行う取組であり，官民が連携した仕組みづくりである（保井 2017a）。「開発という一時の景気刺激策ではなく，エリアの利害関係者，すなわち，地権者，事業者，住民らが，その内発的な意志に基づき，自立的・継続的にエリアの良好な価値を維持・向上させるために行う取組」である（保井 2017b）。

第2に，それは各主体の「敷地」だけではなく，「エリア」一体の価値を上

---

1) 「これは昭和50年代以降の経済構造の変化の中で住宅や住環境に関する国民のニーズは多様化していき，これらに即応するため，民間の活力導入を図る観点から，「民間卸」が導入されたものである。すなわち，新住宅市街地開発事業施行者が宅地を造成し，公共施設の整備など都市基盤施設整備を行った後，一定の要件を満たす民間住宅建設事業者に対して，まとまった街区単位で宅地の処分を行い，住宅建設事業者が住宅を建設した後にエンドユーザーに供給するものであった」。「この改正で住区面積の3分の1以内の特定区域において，施行者が造成した宅地を民間住宅事業者に譲渡できるようになり，民間の住宅建設事業者の優れた創意工夫，企画力，販売力等を活かした良質で多様な住宅供給により，良好な街並み形成と，市街化の促進が可能になった」（都市再生機構 2006）。

げようとする試みである（清水 2014）。これまでの開発事業は、当該建物の敷地の価値上昇にだけ捉われていたが、それでは効果は薄い。官民それぞれのアクターが連携し、エリア全体の価値を上昇させることで、当該「敷地」の価値も一気に上げることができる。

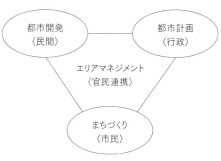

図 8-1　行政・民間・市民の三角形

第3に、エリアマネジメントは、ハードだけではなく、エリアの担い手自体をも「再生」する手法である。衰退地域に人を呼び込むためには、エリア価値を上げなければならない。このように多様な主体が連携し、エリア価値を上げ、新たな地域主体を呼び込む手法が、エリアマネジメントである（図8-1）。

なぜ今、エリアマネジメントなのか。第1には、都市の競争力の向上が求められているからだ。均質化した都市や郊外の魅力のなさを克服するため、地域特性を活かしたまちづくりへのニーズが高まっている。都市や郊外の無味乾燥な「空間」（Space）を、その地域にとって意味ある「場所」（Place）に変えていくことが求められている（保井 2017a）。

第2には、新しい地域課題に対応する主体が求められている。エリアをつくった後（開発した後）の「育てる」段階には、「連携」が重要である。制度や前例の壁を越え、新しい取り組みを始めるローカルな仕組みが必要とされている。「場所」（Place）で活動を構想し、それを展開する人材を発掘し、必要な財源を調達できるマネジメントの仕組みが求められる時代である（保井 2017a）。

第3には、国・自治体の財政難がある。イギリスのサッチャー首相、アメリカのレーガン大統領は、公共空間の維持管理・中心市街地再生への予算配分の見直しをし始めた。いわゆる新自由主義政策である。新自由主義的な改革では、

---

2) ここでいう「絆」とは「社会関係資本」（パットナム）が想定されている。すなわち、①市民活動ネットワーク、②市民の自発的な協力を促す信頼、③互酬性の規範が、社会運営の効率性を改善するという考え方である。

「小さな政府」「民営化」「規制緩和」といった政策が志向される。このような新自由主義的な財政改革のなかで，公共空間の管理を，税金を使って行政だけがやるのではなく，民間の力をテコに空間の充実を図る政策が求められている（木下 2016）。

ハーヴェイ（1989＝1997）や北島（2002）が言うように，都市統治のあり方が，ケインズ主義福祉国家のもとで社会資本や福祉サービスを提供してきた「管理主義」から，ある程度国家から自由な民間が企業経営的手法を導入し，地域経済の活性化を追求する「企業家主義」に向かっている。同時に，官民連携（PPP）方式や非営利団体（NPO）の活用といった，準政府・準市場的な形態をもつさまざまな「共同主義」的統治が試みられている。官民連携によるエリアマネジメントとは，まさに新自由主義の要請のなかで生み出されたエリア開発手法，まちづくり経営手法だと言える。

しかし，営利を追求する民間企業が参入する「まちの再生」では，「ジェントリフィケーション」（弱者排除）が起こるのではないか，という危惧がつきまとう。ジェントリフィケーションとは，「中流階級や豊かな人びとによって，衰退した都市部の住宅群が再生したり，富裕化することによって，低所得の人びとがその地区から転出していくこと」だ（田中 2011）。「『衰退した』と思われている地域を，歴史と流行の魅力を持った金のかかる地域へ変貌させる」。「金持ちで高い教育を受けた人々，すなわち『紳士階級（the gentry）』と呼ばれる人々が，低所得者の地域に引っ越してくることで，地価上昇も付いてくる」という現象である（Zukin 2010＝2013）。エリアマネジメントのさいには，ジェントリフィケーションの危険性を認識しながら，手続きを進めていく必要がある。

2　官民連携による団地リノベーション

（1）「MUJI×UR」プロジェクト

では，多摩ニュータウンでは，どのような「再生」プロジェクトが行われているのか。独立行政法人 都市再生機構（以下 UR）による団地の再生には，①「団地再生」（建替え）と②ストック活用（リフォーム・リノベーション）

表8-1 UR賃貸住宅ストック 個別団地類型（案）一覧

団地名	団地類型	当初管理開始年度	管理戸数（H28末）
多摩ニュータウン諏訪	ストック活用	S45	607
多摩ニュータウン永山	ストック活用	S45	3,297
多摩ニュータウン貝取	ストック活用	S50	434
多摩ニュータウン豊ヶ丘	ストック活用	S50	897
多摩ニュータウンエステート鶴牧－5	ストック活用	S56	28
多摩ニュータウンエステート貝取－1	ストック活用	S57	18
多摩ニュータウン落合六丁目ハイツ	ストック活用	S58	54
多摩ニュータウンエステート聖ヶ丘－2	ストック活用	S59	48
多摩ニュータウン諏訪一丁目ハイツ	ストック活用	S59	143
多摩ニュータウンメゾン聖ヶ丘－1	ストック活用	S61	119
多摩ニュータウングリーンヒル豊ヶ丘－1・2	ストック活用	S61	167
多摩ニュータウンライノステージ豊ヶ丘－1	ストック活用	S63	39
多摩ニュータウンプラザ永山	ストック活用	H2	133
多摩ニュータウンプラザ唐木田	土地所有者等への譲渡，返還等	H4	106
多摩ニュータウンエステート愛宕	ストック活用	H5	29
多摩ニュータウンステラ聖ヶ丘	ストック活用	H7	34
聖蹟桜ヶ丘ビュータワー	ストック活用	H11	144

がある。多摩ニュータウンにおけるUR管轄団地は，ほとんどが「ストック活用」（リフォーム・リノベーション型）に指定されている（表8-1）。

官民連携の取組として，団地リノベーションによる「再生」が考えられる。リノベーションとは「遊休化した建物を改修し，利活用すること」（国土交通省2015）である。都市再生機構住宅経営部ストック活用計画課の方によれば，多摩ニュータウンで実施されている団地リノベーションの一つが，生活雑貨メーカーの「無印良品」と日本の住まいをつくってきた「UR」の連携による「MUJI×UR」プロジェクトである。本プロジェクトは，2012年，関西でスタートした。もともとは賃貸住

資料：著者撮影。

写真8-1 多摩ニュータウン永山団地

資料：MUJI × UR HP（http://www.ur-net.go.jp/muji/20_207.html）。

写真 8 - 2　Re + 11

宅のプロモーションをしている広告代理店が提案したものだという（2017 年 4 月 11 日ヒアリング）。

　コンセプトは、「生かす、変える、自由にできる」「団地が理想の家になる」であり、「団地は器としては、まだ使える」という趣旨である。団地では、民間マンションのリノベーションのように多額の費用をかけて改修することはできない。コストを抑えつつ、良い暮らしを提案するというのが「MUJI × UR」の狙いである。

（2）　リノベーションのエリア展開の可能性

　しかし、MUJI × UR の団地リノベーションには、「ニュータウン再生」の手段として課題もある。以下、3 点に絞って論じていこう。第 1 に、MUJI × UR はあくまで「住戸単位」のリノベーションである。部屋の中は魅力的にリフォームされてはいるが、旧来の団地のなかの一室である。そこがリノベーション物件であることは、傍から見ても分からない。地域を「再生」するのであれば、エリア単位でリノベーションが求められる。すなわち、エリアマネジメントの一種としての「リノベーションまちづくり」（清水 2014）であり、「エ

リアリノベーション」（馬場2016）という方法である。

　各地でリノベーションまちづくりを成功させてきた清水義次（2014）は，「敷地に価値なし，エリアに価値あり」という考え方を提唱し，半径200m単位でリノベーションを連鎖させるべきだとしている。国土交通省は，このような方法を「リノベーション・エリアマネジメント」と呼び，整理している（図8-2）。すなわち，「特定のエリアにおいてリノベーション等で遊休不動産を再生することにより，エリアにおける良好な環境やエリアの価値を維持・向上させるための，住民・事業主・地権者等による主体的な取り組み」（国土交通省2015）である。それは，「予め遊休不動産が存在するエリアのコンセプトを住民，民間等が意見交換をしながら行政等が策定」する。そして，「個別の遊休不動産再生（リノベーション）の実施の機会を捉えて，コンセプトにふさわしい遊休不動産の再生が行われ，さらにその周辺エリアに，連鎖的に行われエリア価値の向上が図られるように取り組む」のである。

　この「エリア単位」でリノベーションするという試みが，MUJI×URプロジェクトには不足している。そのため，傍から見るとそこでリノベーション，地域再生が図られていることが見えにくく，エリア価値の上昇に結び付きにくい。

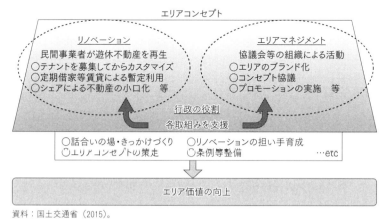

資料：国土交通省（2015）。
図8-2　リノベーション・エリアマネジメントの概念図

第2の課題は，現行の法規制により，住戸を他用途に転換（コンバージョン）することが難しいことである。MUJI×URが発行した「団地再生物語」では，団地をカフェやホテルにコンバージョンするという案やMUJIが「一棟まるごと借りたら」という提案がなされている。しかし，建築基準法・消防法の規制がある。建築基準法による「第二種中高層住居専用地域」ならば商業的な施設も入る余地があるが，「第一種低層住居専用地域」だと用途がかなり限定される。このような法規制が柔軟にならないと，エリアリノベーションによる「再生」は実現しない（URヒアリング）。

　第3の課題として，エリアリノベーションを実現させるには，多様な主体の連携が必要となることである。UR単体ではなく，行政や分譲団地の組合などとの連携が重要となる。そのような活動の機運が高まらないと，エリアリノベーションは実現しないという。

　この連携においても，民間の力が重要となる。清水義次らが提唱する「リノベーションまちづくり」とは，「今あるものを活かし，補助金にはできるだけ頼らず，新しい使い方をして，まちを変えること」である。「民間主導でプロジェクトを興し，行政がこれを支援する形で行う"民間主導の公民連携"が基本なスキーム」である（「豊島区リノベーションまちづくり構想」2016）。

　リノベーションまちづくりを提唱する清水義次は，URの団地経営をこう批判している。「残念ながら現在の行政とURさんは，体質が，公共型です。企画力がなく，面白みがなく，稼ぐ力すなわち経営力がほとんどない。それは税金によって事業が行われてきたからです」。「民間はパブリックマインドをもって，民間プロジェクトを興して利益を上げ，町に再投資し，これを継続していく。公共は，公でしかできない役割（場づくりや制度改変）を，スピーディーに，柔軟に果たす（必要がある）」（清水2015）。このような官民連携が，団地のエリアリノベーション・エリアマネジメントにも必要だと主張する。多摩ニュータウンにおいても，MUJIだけでなく，多様な民間事業者の参入が期待される。

■ 土地利用図

　地区計画のゾーニングを踏まえつつ、住宅の他、商業施設、子育て支援施設、高齢者支援施設等の多様な用途の施設を配置しています。
　また、まちづくりガイドラインに基づき、3つの景観軸を設定し、美しい沿道空間の創出を図っています。
　さらに、公園・広場を数多く配置し、それらを緑でつなぐことにより、緑のネットワーク化を図っています。

資料：URひばりが丘団地　団地再生事業パンフレット。

図8-3　ひばりが丘団地の土地利用図

3 官民連携によるエリアマネジメント

（1） ひばりが丘パークヒルズ

多摩ニュータウン以外に目を移せば，URも郊外団地で民間事業者と連携したエリアマネジメントを試みている。その代表例が，ひばりが丘団地（東京都西東京市，東久留米市）での「事業パートナー方式」によるまちづくりだ。本プロジェクトに関して，UR東日本賃貸住宅本部にヒアリングを行った（2017年4月11日実施）。

ひばりが丘団地は，東京都心から約20km，西武池袋線・池袋駅から約15分，最寄り駅からバス約6分のところにある。西東京市，東久留米市の二つの市にまたがり，1959年日本住宅公団の賃貸住宅として建設された2714戸の団地だ。1999年3月，建て替えが着手され，2012年7月に建て替えが終了。「ひばりが丘パークヒルズ」として生まれ変わった（図8-3）。

建て替え後の旧ひばりが丘団地は，UR賃貸と公益施設，商業施設，民間の分譲住宅で主に構成されている。URと民間事業者が連携して開発を行っており，建て替えし，高層・集約化によって新たに生まれた整備敷地を，URが民間事業者や公共団体に譲渡・賃貸する形で開発が進められている。

従来，これらの整備敷地を民間事業者に譲渡・賃貸する場合は，通常URが計画条件を定め，街区毎に公募し，その計画条件に基づいて，事業者が建物を建設する。そのため，各事業者が土地を取得するとそこで完結してしまい，「パッチワーク」的なまちづくりになってしまう可能性があった。

そこで，ひばりが丘団地では「事業パートナー方式」を採用した。約7haの敷地を対象とし，開発からエリアマネジメントまで，継続的にまちづくりに関与する民間の事業パートナーを募集した。その民間事業者の提案を受け入れながら，官民が連携したまちづくり（エリアマネジメント）を進めている。

資料：著者撮影。
写真8-3　UR賃貸住宅

資料：著者撮影。
写真8-4　民間分譲住宅

（2）　エリアマネジメント団体の設立

2014年，最初に約7ヘクタールの一部を取得した大和ハウス工業グループが中心となって，エリアマネジメント団体「一般社団法人まちにわ ひばりが丘」（以下，まちにわひばりが丘）を設立。正会員は大和ハウス工業グループ，そしてその後土地を取得した住友不動産など各街区の開発事業者で，URは監事となっている[3]。

「まちにわひばりが丘」は，「ネイバーフッド・デザイン」を手掛けるコンサルティング会社「HITOTOWA　INC」にエリアマネジメントの運営を委託している。現在は，各開発事業者とURがエリアマネジメントの運営を担うが，2020年度を目途に，住民主体に切り替える予定である。そのため「まちにわ師」を募集するなど，将来を見据えた人材育成もすでに開始している。

（3）　街区ごとの調和

では，この地域のエリアマネジメントには，どのような効果があったのか。地区内のUR賃貸は高齢層が多く，分譲住宅は若年層が多い。一般的には，その間につながりは希薄である。しかし，エリアマネジメント団体が両者の

---

[3]　URはエリアマネジメントセンター「ひばりテラス118」の建物躯体をまちにわひばりが丘に賃貸している。

資料：著者撮影。

写真 8-5　エリアマネジメントセンター「ひばりテラス 118」

資料：著者撮影。

写真 8-6　COMMA, COFFEE

資料：著者撮影。

写真 8-7　ひばりが丘団地の風景

「接着剤」の役割を果たしてきている。たとえば，高齢化した UR 賃貸の夏祭りも，「まちにわひばりが丘」が入ったことで，分譲マンション住民が出店するなど，祭りを盛り上げている。これまでは，賃貸住宅のいわば「大家」である UR は，UR 賃貸居住者のみに向けて，コミュニティ形成をしていた。そのため，そのつながりは UR 賃貸内部で完結してしまっていた。しかし，整備敷地の分譲住宅も含めたエリアマネジメントにより，UR 賃貸住民だけではなく，分譲住民を巻き込んでいる。つまり，郊外社会の一つの問題である「住宅

階層間の断絶」を越えたつながりを可能にしているのである。

このように官民連携のエリアマネジメントは，郊外住宅地の世代・階層を越えた連携を生み出し，エリア価値を上昇させる可能性を持っている。しかし，UR 担当者によれば，多摩ニュータウンでは「エリアマネジメントはまったくの未定」だという。多摩ニュータウンで，UR がエリアマネジメントを実施しないのはなぜか。2007 年の UR「ストック再編方針」において，多摩ニュータウンは「ストック活用」型（リフォーム・リノベーション型）で継続管理することとなった。「ひばりが丘」のような建替え事業（団地再生事業）ではない。そのため，UR が分譲住宅とコミュニティ形成をする余地がないのだという。今後の UR によるエリアマネジメントに期待したい。[4]

4　愛宕地区エリアマネジメント試論

（1）　愛宕地区の建替事業計画

ここで，第 2 章でその住宅階層問題を論じた愛宕地区に目を向けてみよう。都営住宅が多いこの地区は，高齢化に歯止めがかからず，さらに公営住宅法改正以降，母子世帯と単身高齢者の割合が急増していた。街びらきも 1972 年であり，団地の老朽化も進んでいる。

こうした状況のなか，愛宕地区で建て替え事業が計画されている。2016 年，東京都は，都営和田・東寺方・愛宕団地について，「地元のニーズ等を踏まえながら順次建替えに着手し，2024 年度までに，その一部を竣工する」方針を決めた。「地元市等と連携しながら，創出用地の配置や規模に関する検討を行った上で，これをまちづくりに活用し，多摩ニュータウンの再生に貢献」するとした（東京都都市整備局）。[5]

そのうえで，2016 年 8 月，多摩市は，東京都と「（仮称）都営多摩ニュータウン和田・東寺方・愛宕団地建替事業に関する基本協定書」を締結。学区再編

---

4)　多摩ニュータウンにおける取組みとして永山団地での「ネコサポ」や「地域包括ケア（永山モデル）」の取組みなども生まれてきている。

5)　http://www.toshiseibi.metro.tokyo.jp/bosai/tama/saisei.html

で廃校となった旧西愛宕小学校の跡地約2万3000m^{2}を，都営住宅建て替えの種地として活用する方針を固めた（建設ニュース2016.11.10）。阿部市長は多摩市議会でこう述べている。

> 都営諏訪団地の建て替え計画に続き，東京都から和田・東寺方・愛宕地区の都営住宅の建て替え計画を進めるために，旧西愛宕小学校の跡地を都営住宅の建て替えの種地に活用したいとの打診があり，これを受けて市として協力することとし，同学校跡地を都営住宅の種地として提供することを決定しました（2016.12.01多摩市議会会議事録）。

このように，愛宕地区は，閉校した学校跡地を種地とした団地建て替えという大きな転機を迎えている。しかし，単に建て替えをすればエリアの「再生」につながるとは楽観できない。なぜなら，第2章で見たように，都営団地は貧困層のセーフティネットと化しているため，その団地の建て替え・規模拡大をしたところで，新旧の住宅階層問題が拡大するだけの恐れがあるからだ。建て替えだけでは，街の課題は解消しない。

（2） 愛宕地区の空間資源

「ニュータウン再生」には，諸階層が連携するエリアマネジメントやエリアリノベーションが必要になる。では，愛宕地区には，いかなるエリアマネジメントが求められるか。愛宕地区には，少子高齢化と新旧の住宅階層問題という大きな課題がある。すなわち，「街の活力の低下」と「街の分断」である（第2章）。そのうえ，ニュータウンには十分に活用されていない公共空間が多くある。愛宕第一商店街（1973年）は空き店舗が多く，シャッター商店街になっている。愛宕東公園（1973年）・愛宕第4公園（1984年）などの公園は，利用者も少なく閑散としている。西愛宕小学校（1976年）は，2016年に閉校した。「街の活力の低下」「街の分断」を解決するためにも，これらの空間資源を利活用していく必要がある。遊休不動産を逆手にとって，スモールエリアで連鎖的にエリアマネジメントを図っていくのだ。

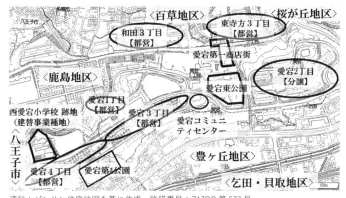

資料：ゼンリン住宅地図を基に作成。許諾番号：Z17DB 第 577 号。

図 8 - 4　愛宕地区の空間資源と隣接地区

（3）　愛宕エリアマネジメント・パークマネジメント

　具体的な方策としては以下のものが考えられる。最大の不動産オーナーである東京都・多摩市が民間事業者とパートナーになり，「どのような街にするか」というエリアコンセプトを策定し，エリア再生に障壁となる規制の緩和を行う。東京都が，団地の空室や商店街の空き店舗を民間事業者に貸し出し，リノベーションする。さらに，前述の「まちにわひばりが丘」のようなエリアマネジメント団体を作る。東京都・多摩市という「公的セクター」だけではなく，民間事業者・まちづくり会社などの「民間セクター」，あたご連協といった「市民セクター」を巻き込んだエリアマネジメント団体を設立する。

　「愛宕東公園」「愛宕第 4 公園」のように，ニュータウン内に豊富に存在する公園を利用した「パークマネジメント」も重要である。「パークマネジメント」とは，エリアマネジメントの一種である。すなわち，「公園での営業権を民間事業者が入札し，自治体はその収入によって公園の品質を引き上げていく取組」である。支出のリストラが行われている行政は，否応なく「民間導入による新しい公園システム」が求められている（馬場 2013）。

　たとえば，豊島区にある「南池袋公園」は，暗くて近寄りがたいイメージだったが，2016 年に，広々とした芝生広場に開放的なカフェが併設された空間へとリニューアルされた（写真 8 - 8）。持続的に公園を運営するために，民

資料：井上公人撮影。

写真 8 - 8 　南池袋公園

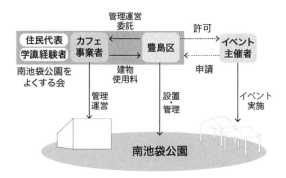

資料：公共 R 不動産（http://www.realpublicestate.jp/column/2707/）。

図 8 - 5 　南池袋公園の事業スキーム

間のカフェレストランが併設され，売上の一部を公園運営に使う仕組みである。施設を管理・運営する事業者を公募する際，募集要項に要求水準を明記することで，地域のためになる事業者を選ぶ工夫をしている。さらに，官民協働の組織をつくり，住民が公園運営に携わる体制を整えたのである（公共R不動産）（図 8 - 5 ）。

　しかし，「パークマネジメント」は，「公園」単体の戦略ではない。公園の中

の店舗貸しだけでは，扱う経済規模は小さい．公園を中心に置きつつ，周辺の物件に与えるインパクトまでを狙う必要がある．こうしたエリア全体の価値向上は，周辺不動産オーナーにとってプラスになるだけでなく，自治体が「固定資産税」上昇など面的に稼ぐことも可能にする（木下2016）．「公園」を中心として，団地・商店街・小学校跡地などをリノベーションして，エリアの価値上昇を目指す必要があるのだ．

　エリアを一つの会社に見立て，投資・回収する．このような経営的視点が，公共施設経営に持ち込まれてきている．これまでの税の分配ではなく，「自ら稼ぐ」ことによって必要な予算を生み出すのだ（木下2016）．こうした手法が，「陳腐化」「老朽化」「少子高齢化」ニュータウンの地域マネジメントにおいて求められる．

（4）ニュータウンの分断を越えて

　公園の運営を行政ではなく民間事業者に委ねると，愛宕地区，いやニュータウンにとって，どのようなメリットがあるか．結論から言えば，ニュータウンの各地域の「分断」を越えて，新たな「連携」が生まれる可能性がある．愛宕地区と隣接する乞田・貝取地区，桜ヶ丘地区は，徒歩で移動できるにも関わらず，ほとんど交流・連携がない．民間事業者にパークマネジメントを委託すれば，その公園で収益を上げることが求められる．収益を上げるには，地区外の「顧客」を公園に引き寄せる仕掛けが必要となる．愛宕地区の公園に他地区の住民，あるいはニュータウン外からの来訪者が集うようになれば，多様な階層間交流が生まれ，ニュータウンの「分断」状況が緩和される可能性が出てくる．

　たしかに，公共空間の維持管理に市場原理を導入することには，懸念もある．しかし，市場原理を導入することは，必ずしも弱者や貧者を虐げることにはならない．むしろこれまで郊外社会の階層を固定化していた「壁」を打破し，地域・階層間の連帯を促進する可能性がある．新自由主義的な住宅政策の市場化のもと再編されるニュータウンには，それに対応した地域組織や地域運営が必要になる．

5　おわりに——新自由主義下におけるエリアマネジメントの可能性

（1）エリアマネジメントと新自由主義

「すべての地域に住む人びとの生活の持続可能性を考慮しつつも，市場的な効率性を見据え」る必要があるなか，いかなる主体が，どのように「ニュータウン再生」を図るか。本章では，「公的セクター」「民間セクター」「市民セクター」の連携によって，「公平性」と「市場性」を兼ね備えながら，ニュータウンを「再生」させうる施策を見てきた。一つが，官民連携によるエリアマネジメント，もう一つが官民連携によるエリアリノベーションである。

「エリアマネジメント」「エリアリノベーション」の根幹は，「稼ぐまちづくり」と「官民連携」にある。これまでのまちづくりや再開発は，事業採算性を度外視したり，行政からの補助金に頼りきったものが多かった。そこから「脱却せよ」というのが，清水義次らのメッセージだ。そして，「官だ，民だ」と言っている場合ではなく，「官民が協働して地域問題を解決せよ」というメッセージでもある。

この背景には，私たちが生きている現代社会の新自由主義化の要請がある。第 2 章で述べたように，新自由主義とは，政府による個人や市場への介入は最低限とし，公的な規制や社会サービスの提供の撤廃・縮小を求める政治思想である（仁平 2017）。それは，「小さな政府」「民営化」「規制緩和」といった政策として現れる。

ハーヴェイ（1989＝1997）が言うように，我が国の統治のあり方も，ケインズ主義福祉国家のもとで社会資本や福祉サービスを提供してきた「管理主義」から，地域経済の自立・活性化を積極的に追求する「企業家主義」に向かっている（Harvey 1989＝1997）。「ニュータウン開発」とは，ケインズ主義福祉国家体制のもとでの集合的消費への国家介入（Castells 1978＝1989）であり，国家・自治体による管理主義政策の一環であった。しかし，オイルショック後に顕在化した行財政危機，プラザ合意以降の新自由主義経済によって，住宅政策においても市場化・民間活力を導入し，「稼ぐ」ことが求められている。その意味で

「戦後住宅政策」は大きく転換したのである。そのなかで期待されるのが，「エリアマネジメント」や「エリアリノベーション」の導入といった官民連携による「ニュータウン再生」である。

（2） ニュータウン再生とジェントリフィケーション

たしかに，民間企業だけで開発すれば，事業の採算性だけを追求し，ジェントリフィケーション（弱者排除）が起こる可能性はある。しかし，「ジェントリフィケーションによる地区の再生や富裕化が，必ずしも，低所得者層の転出をもたらすわけではない」（田中 2011）。「ジェントリフィケーション」に敏感になりすぎるがゆえに，「陳腐化」「老朽化」「少子高齢化」したニュータウンを放置しておくわけにはいかない。

官による「公平性」への配慮によって，弱者排除に対する配慮がなされる可能性がある。ひばりが丘の事例のように，官民が連携して，地域マネジメントすることによって，世代間・階層間の連携が円滑に進む可能性さえある。民間事業者が「ニュータウン再生」に参入してもなお，「低所得者層の転出」を防ぐ方策が重要である。UR が建て替え事業で行っているように，高齢者等への家賃減額制度を用いたり，エリア単位で団地を再編することが必要である。

だが，企業の収益基盤の確立によって地域経済活性化をめざす「企業家主義」と非市場的つながりを通じた「共同主義」との共存関係は，けっして自明ではない。そこには，政府・諸企業・多様な市民間での対立関係が潜んでいることは忘れてはならない（北島 2002）。「まちで稼げ，協働せよ」。この二つの要請の「接合」と「矛盾」を注意深く見ていくことが，私たちが生きる都市や地域社会の持続可能性を考えていくうえで極めて重要である。

参照文献

馬場正尊，2011，『都市をリノベーション』NTT 出版.

馬場正尊・Open A，2013，『RePUBLIC――公共空間のリノベーション』学芸出版社.

馬場正尊・Open A 編，2016，『エリアリノベーション――変化の構造とローカライズ』学芸出版社.

Castells, Manuel, 1978, *City, class, and power*, London：Macmillan.（＝ 1989，石川淳志監訳『都市・階級・権力』法政大学出版局.）

Harvey, David., 1989, "From managerialism to entrepreneurialism: The transformation in urban governance in late capitalism" *Geografiska Annaler. Series B, Human Geography*, 71 B(1): 3-17.（＝ 1997，廣松悟訳「都市管理者主義から都市企業家主義へ——後期資本主義における都市統治の変容」『空間・社会・地理思想』2.）

木下斉，2015,『稼ぐまちが地方を変える——誰も言わなかった10の鉄則』NHK出版.

———，2016,「公園からの都市再生——都市経営を見据えたパークマネジメントの必要性」『新建築』91(11).

北島誓子，2002,「都市・地域統治の今日的局面——企業家主義と共同主義の接合と矛盾」『弘前大学経済研究』25，17-30.

小林重敬編，2015,『最新エリアマネジメント——街を運営する民間組織と活動財源』学芸出版社.

国土交通省 土地・建設産業局企画課，2015,『遊休不動産再生を活用したエリア価値向上手法に関するガイドライン』.

清水義次，2014,『リノベーションまちづくり』学芸出版社.

清水義次，2015,「公民連携によるリノベーションまちづくりの時代」『第12回 団地再生シンポジウム報告書』団地再生支援協会.

嶋田洋平，2015,『ほしい暮らしは自分でつくる——ぼくらのリノベーションまちづくり』日経BP社.

田中研之輔，2011,「ジェントリフィケーションに関する認識論的枠組み：序説」『地域イノベーション』(4): 75-79，法政大学地域研究センター.

多摩ニュータウン再生検討会議，2015,『多摩ニュータウン再生方針』多摩市.

都市再生機構，2006,『多摩ニュータウン開発事業誌——通史編』都市再生機構東日本支社多摩事業本部.

都市再生機構，2007,「UR賃貸住宅ストック再生・再編方針」.

都市再生機構，2015,「UR賃貸住宅ストック再生・再編方針に基づく実施計画」.

仁平典宏，2017,「政治変容——新自由主義と市民社会」坂本治也編『市民社会論』法律文化社，158-177.

『都市を再生させる――時代の要請に応える UR 都市機構の実行力』（『新建築』2016 年 4 月別冊）

保井美樹，2017a,「エリアマネジメントの現状，課題そして展望」総務省『地域自治組織のあり方に関する研究会（第 2 回）配布資料』．

保井美樹，2017b,「動き出すパブリックスペースと運営組織のデザイン」国際都市整備機構編『ポスト 2020 の都市づくり』学芸出版社，221-260．

Zukin, Sharon, 2010, *Naked City: The Death and Life of Authentic Urban Places*, Oxford University Press.（＝2013, 内田奈芳美・真野洋介訳『都市はなぜ魂を失ったか―ジェイコブズ後のニューヨーク論』講談社．）

郊外社会の再編にむけて

石田光規

1 本書の狙い

　本書は郊外社会を射程とし，そこに住む人びとが結ぶ人間関係のありようを分析し，郊外における人間関係の分断および持続可能性を検討することを目的とした。以下では，第Ⅰ部，第Ⅱ部に分けて，それぞれの概要および含意をまとめ，最後に，郊外社会の持続可能性について再度検討したい。

2 郊外社会における人びとのつながり

(1) 全般的な傾向としてみられるつながりの希薄さ

　大まかな傾向としていえば，地域社会におけるつながりは，活発と言いがたい。第Ⅰ部では，まず，都市社会・地域社会にかんする諸議論から，地理的近しさを要件とする地域関係が廃れてゆく様相について整理し，その後，全国規模の調査および5地区調査から日本社会・郊外社会の地域のつながりのありようを分析・検討した。その結果示されたのは，地域のつながりに対する人びとの消極的姿勢と実際のつながりの薄さであった。

　人びとに近所の人とのつきあいの意向を尋ねると，彼ら／彼女らは近所の人とつきあいたくないとは思わないまでも，あまり深くつきあいたいとは思っていないことが明らかになった。また，近隣の人びとをサポート源とみなす人はほとんどいないことも明らかになった。この原因としては，第1章でも指摘したように，近隣の人とつきあわないで済む社会のシステムが成立したことが大

きいだろう。

　本書ではそれに加え，後に続く章で，階層によって区分けされた住宅群が人びとの意識や行動に影響を与え，分断および対立をもたらす現象を「住宅階層問題」と捉え，そこから，住民が「結びつかない」理由を探った。以下では，この問題について，本書の第2章から第4章までの知見をもとに整理しつつ，あらためて検討してみよう。

（2）　住宅階層がもたらす住民の分断

　本書では，「地区」を「共同性をもちうることを望まれる近隣社会であり，具体的に言えば特定の自治会・町内会または自治会連合，小学校区，コミュニティエリアなどを指す」と定義した。宅地開発により水平方向に拡大していった郊外は，特定の年次や特定のエリアを縦軸・横軸に，地域を部分的に切り取る形で開発されがちである。結果して郊外には，階層均質的な住宅群が形成される。こうした地区は，外とは画然と隔てられている一方で，内では階層をはじめ諸特性の似通った人びとが居住する[1]。本書で確認されたのは，地区内の均質性と地区間の異質性が，地区内での連帯，地区間の連帯それぞれに負の影響をもたらしうる，ということだ。

　まず，地区内への影響についてみてみよう。第3章でも指摘されたように，同質的な地区は，そこに住む人びとにとっての準拠集団となりやすい。そのため，人びとは同質的集団の些細な差に一喜一憂し，隣人との比較競争を展開する。俗っぽく表現すれば，同質的な地区に住む人びとは，隣人の出世を過剰に気にする社宅居住者のような心性を抱くのである。こうした意識は人びとの連帯を阻害する。

　それが強く表れたのが第2章の「あたご連協」の事例である。愛宕地区の広域自治会連合は，公社分譲と都営賃貸の亀裂から存続の危機にさらされている。この両者は，戸建て地区桜ヶ丘の住民からすれば，同じ「団地の人」に過ぎな

---

1) こうした現象は，地区内にも起こりうる。すなわち，共同性をもちうることを望まれる近隣社会内部に，新たに宅地開発がなされ，内外が画然と区分けされる可能性もある。

い。しかし，公社・都営という「内側の差」は地区内の住民に深く刻まれている。そのため，この両者は，老人会，連協の活動に不協和を醸しだし，地区内の連帯を危機にさらしている。

　地区間については，当然ながら，その異質性が連帯を阻害する。第3章で見られるように，地区住民の平均所得は，居住地区を到達地点と捉えがちな高齢者の生活満足を規定している。この知見から，構造物として階層差を可視化し，居住地に固有のラベルを付与しうる住宅階層の，諸個人の意識に対する規定力が推察される。

　居住地に付与された固有のラベルは，地区間のつきあいを難しくさせる。第4章の通学区域変更には，その問題が典型的に現れている。すなわち，都営・賃貸という"低い"ラベルを貼り付けられた地区と重なり合う形での通学区域再編は，署名などによる抵抗を生んだ。また，「ブルジョア」「ブルーカラー」といった固有の感情をともなう言葉も，聞き取り調査のなかでは耳にした。宅地開発により截然と区分された町並みは，地区に固有のラベルを割り振り，地区間連帯の阻害要因となっているのである。

（3）　住宅階層による問題

　そもそも住宅が「社会に分断を持ち込みやすい」（2016: 33）ことは祐成も指摘している。祐成は住宅問題の特徴の一つとして「他の手段でも解決できる場合が少なくない」「代替可能性」（2016: 36）をあげている[2]。しかしながら，現実は決してそうではない。むしろ，重要なのは，この問題がひとたび成立すると容易に解消し得ないことにある。

　住宅階層問題の発端は，面的な宅地開発により，固有の階層の人びとを固有の地区に押しとどめたことにある。構造物として可視化された町並みは，長きにわたってその地区および居住者の特性を規定する。かりに団地を建設した場合，たとえ入居者は変わったとしても，入居者を覆う構造特性は変わらない。

---

2) 祐成は住宅問題のその他の特徴として，問題の影響があらわれるまでに時間がかかる「遅効性」，現状を把握するためのデータが未整備で，問題の広がりや深さの理解が困難である「潜在性」をあげている。

つまり，団地であれ宅地であれ，そこに成立した町並みは，構造的に人びとの属性や特性を規定し，分断を再生産してゆくのである。社会学的視点の抜けた都市計画では，こういったリスクを見逃してしまう。したがって，郊外の再編を検討するうえで，私たちは宅地開発がもつ意味合いをもっと慎重に考えるべきである。

序章でも述べたように，まちづくりの中心に座したのは工学系の都市計画家であった。その一方で，都市社会学者は「都市的なるもの」の解明に焦点をあて，計画的に区分された「まち」の影響にはあまり注目してこなかった[3]。本書第Ⅰ部は，都市に典型的に見られる計画的地域政策の「計画性」の脆さを示すと同時に，都市計画において社会学的視座を導入する必要性をも示している。

3 持続可能性を見据えて

では，第Ⅰ部で確認されたような地域社会の苦境を超克し，個々の生活者が居住地で持続的に生活してゆくためにはどういった方策が考えられるか。第Ⅱ部では，住民の生活から町並みまでを持続可能性という観点で一体的に捉え，それぞれにおいて，住民，営利組織，非営利組織，行政がどういった役割を果たし，それらが市場原理と折り合いをつけつつ，どのように持続可能性を確保しうるか検討した。

以下では，ミクロよりの住民および中間集団，マクロよりの学官連携，まちづくりに分けてまとめてゆこう

(1) 住民および中間集団の持続可能性

私たちの生活する社会は，資本主義経済システムによって支えられている。このシステムは，私たちを地域から切り離す側面がある。資本主義社会において資本の一部である労働者は，産業構造の転換とともに移動を余儀なくされる。

---

[3] 本書のように地区のゾーニングではなく，開発主義的な国家政策とその影響に着目した研究は，数多く存在する。

高度経済成長時の都市圏に向けた大規模な労働移動は，太平洋ベルト地帯への資本投下により引き起こされたものである。つまり，資本主義経済システムは，資本が集中投下されるところに労働者を強制的に移動させる側面がある。

　移動は強制によってなされるだけではない。労働者であると同時に消費者でもある私たちは，土地をも消費の対象に変える。資本主義社会のなかで土地は先祖代々引き継いでゆくものではなく，自らの資金力と好みに応じて選ぶものになる。したがって，地域に根付くという意識は大幅に縮小する。戦後の郊外はこのような土地観を代表するものだ。

　とはいえ人びとは，いずれかの"土地"に"住まなければ"生活できない。しかしながら，そこでの生活は地縁関係を促進するものではない。資本主義経済システムの浸透とともに，私たちの生活は，労働による賃金の獲得とその消費により維持されるようになった。その過程で，地域住民どうしの共同の必要性は大幅に縮小した。私たちの生活は貨幣を仲立ちとして得られる生活必需品および生活サービスにより維持され，そこから漏れ出た人たちは社会保障によって支えられる。私たちの社会は，個人の生活という単位で見れば，さしあたり地域の人びととつきあわなくても存続できるように整備されつつある[4]。

　第5章，6章では，近隣社会が動揺するなか，住み慣れた場所での持続的生活，あるいは中間集団の存続にあたり，どのような方策が考えられるか，認知症高齢者の持続的生活，地縁的中間集団（お囃子）の存続を事例に検討した。それぞれに共通するキーワードは関係の再編である。

　認知症高齢者の居住地での持続的生活に焦点をあてた第5章では，個別性，日常性，専門性を軸に，近隣，NPO，行政が連携する必要性が見出された。認知症の人びとの住み慣れた場所での持続的生活を，従来のように，家族や近隣のみで支えるのは難しい。家族については，そもそも，そこに頼ることのできる人自体が不足している。子ども世帯との同居は，もはや"当たり前"に見られる現象ではない。そうなると，配偶者のどちらかに先立たれた場合に，残

---

[4] 倉沢（1987）は生活の諸問題を専門機関に委ねる過程を「都市的生活様式」と呼んでいる。

された側——多くは女性である——は単身生活を余儀なくされる。

　単身者にとって身近な援助資源は近隣住民しかないわけだが，彼ら／彼女らの「見守り」はあくまで「許容範囲」に限られる。それを超えると「見守り」は徐々に，不穏な行動を取り締まる「監視」になり，臨界点に達すると「排除」に転じる。したがって，住み慣れた場所で生活し続けるためには，家族や近隣だけではなく，そうした人びとを側面から支援するNPO，専門的立場から支援する専門機関の存在が欠かせない。

　地縁的な中間集団も，いまや「地縁」だけでは成立し得ない。第6章では，お囃子組織の事例から，地縁的中間集団が関係を再編しつつ，存続してゆく様相が活写された。サラリーマン化した住民が激しく移動を繰り返す郊外では，中間集団の存続にあたり，地付き層，転入層，転出層といったさまざまな行為主体を活用する必要がある。郊外社会の地縁集団は，「修正拡大集落」的に流動層を組み込みつつ，集団を再編せざるを得ないのである。

（2）　地域の施設を利用した持続可能性の模索

　既存の土地，諸施設を活用したまちづくりにおいても，新たな可能性が模索されつつある。郊外に立地する大学は，その競争的価値を高めるために，再度都心に移転する，あるいは，郊外に根を張り持続可能性を模索する，という厳しい二択を迫られている。このような大学の事情と行政の地域政策とが相まって，大学は地域再生の拠点として注目を集めつつある。第7章では，大学の地域貢献の可能性について検討した。しかしながら，その傾向はまだ萌芽的であり，行政による活動継続への支援の必要性が示された。

　大学は学術機関であるとはいえ，経営機関でもある。したがって，地域への援助を無際限に続けられるわけではない。重要なのは，大学および自治体が互いに利する活動をし，好循環を生み出すことである。国による支援を通じ，ようやくその入り口にさしかかった。地区の基盤として大学が機能を発揮しうるか否かは，これからの継続的取り組みおよびその支援にかかっている。地域における行為主体として大学が機能し，好循環を生み出すまでには多少の時間が必要である。

住民の生活基盤である住居についても，住民，民間企業，行政の連携によるまちづくりが求められている。民間企業による合理的開発，行政を中心とした一体的まちづくり，こういった試みが戦後の郊外社会を築いてきた。第8章では，エリアマネジメントの発想をもとに，「官民が連携して，地域マネジメントすることによって，世代間・階層間の連携が円滑に進む可能性」を検討した。すなわち，これまで受動的存在であった住民が，行政，営利組織とともに地域デザインに積極的に関わることで生み出しうる，持続可能な町並みを模索した。そこには，市場原理と折り合いつつ持続可能性を実現しうるヒントが隠れている。

　とはいえ，エリアマネジメントについては，未だ構想の段階を脱せず実現可能性は定かではない。また，エリアマネジメントによる地域の再編が新たな住宅階層問題を生み出さないとも限らない。したがって，今後，多角的視点からその成果を検討する必要がある。

（3）　地域社会の持続可能性

　私たちは，序章で述べた葉，幹，根のあらゆる部分において，そこに関わる主体を見直す必要がある。そのさい重要なのが，「市場的なもの」と「連帯的なもの」を対立的に捉えすぎないことである。

　地域社会研究においてしばしば見られるのが，既存の政策や社会の方向性から「市場的なもの」を抽出し，その合理的志向を糾弾する姿勢である。これはこれで重要であるが，私たちが「市場的なもの」の浸透した社会に生きていることをいったん引き受けたうえで思考を巡らせることも同じくらい重要である。

　資本主義社会の進展とともに，近隣は多くの機能を失った。この社会の仕組みはそう簡単には変わるまい。そうであるならば，地域社会の持続可能性の検討にさいして求められるのは，「市場的なもの」を前提とした枠組みだろう。本書第Ⅱ部の各事例に示されたように，地域の持続可能性確保の鍵は，逆説的だが地域を超えたつながりに見出されるのである。

　流動性を前提とする資本主義社会では，「地元」での持続的生活，地縁組織の存続にあたり，「地元」以外の資源を活用せざるを得ない。大学と受け入れ

自治体の連携にあたってもまだまだ外からの支援が必要だ。「まち」を「滅びゆくまち」にしないためには，住民，民間企業，行政の連携が求められる。

　しかしながら，関係の組み直しは関係に取り込まれないひとを生み出すリスクも孕んでいる。とはいえ，それほどゆっくりと考えている時間はない。私たちは，市場原理と折り合いつつも，なるべく取りこぼしのない形で関係を再編するという難しい課題に直面しているのである。本書はその可能性の一端を示したに過ぎない。今後，さらなる研究と体系的な理論化が求められよう。

参照文献

倉沢進，1987，「都市的生活様式論序説」鈴木広・倉沢進・秋元律郎編著『都市化の社会学理論——シカゴ学派からの展開』ミネルヴァ書房，293-308．

祐成保志，2016，「住宅がもたらす分断をこえて」井出英策・松沢裕作編『分断社会・日本——なぜ私たちは引き裂かれるのか』岩波書店，33-45．

あ と が き

　多摩市を題材とした郊外社会の著作もこれで 2 冊目になった。前著では郊外社会の暗い部分ばかりを書いてしまった。もう少し明るいこと，希望をもてることも書けないものかと思案に暮れたものの，生来悲観的な私には，それは無理だということもわかっていた。そこで今回は，編書というかたちをとり，他の先生方のご協力を仰いだ。そのかいもあってか，郊外社会の問題および処方箋を包括的に論じられたように思う。

　各章の執筆にあたっては，多摩市に住むまたは多摩市の諸施策にかかわる多くの方々にご協力いただいた。個別のお名前をあげることはできないが，心より御礼を申し上げたい。ありがとうございました。

　本研究の 5 地区調査は大妻女子大学人間生活文化研究所共同研究プロジェクトの助成金，小学校調査は（公財）日本科学協会平成 27 年度笹川科学研究助成（研究番号：27-129，助成者：井上公人）の助成金を受けた。プロジェクトの趣旨をご理解いただき，支援の手を差し伸べてくださった両団体にも謝意を表したい。

　書籍の出版のさいには，晃洋書房の吉永恵利加さんに大変お世話になった。出版不況のなか，本書の内容に共感してくださり，出版までご尽力いただいた。また，編集シロウトの私に，書籍の構成や結果の提示方法など貴重なアドバイスもいただいた。吉永さんの労に改めて御礼申し上げたい。

　さて，ここで個人的な体験を……。私は単著，および，分担執筆のうちの一つの章または数章を執筆したことはある。しかし，編集者として書籍に携わったのは初めてであった。この「編者としての体験」は新鮮な驚きに満ちていた。そんなことをつらつらと書きつつ本書を結びたい。

　編者になるにあたってまず意識したのが，「寄せ集め論文集にはしたくない」

というものだった。しかしこれがなかなかに難しい。単著であれば，その出来栄えはさておき，1人で執筆するため，書籍の中に統一性をもたせることは可能だ。編書はその点が決定的に異なる。

　複数の執筆者の原稿を集めて統一性をもたせるためには，編者が各執筆者を惹きつけるほどの幅広い世界観を提示しなければならない。これはつまり，編者の提示した世界観，問い，理論が当該書籍の魅力を左右するということだ。結局のところ，編書というのは，編集者ひとりでは捕捉しきれないほどの大きな問いを，領域の異なる執筆陣に手伝っていただくことで成立するプロジェクトだと思う。

　今回，編集を行うにあたって，私にはその大きな問いが決定的に欠けていた。結局のところ，勢いだけで走ってしまったような気がする。そんなことを考えるにつけ，これまで編集をなさってきた方々に改めて敬意を持ち直した次第である。

　さて，その不足分を補うために，新米編者が何をしたかというと，執筆陣に徹底的に介入した。研究会を何度も開催し，調査内容や分析内容にもかなり意見した。そのため，ご執筆くださった先生方には，やりにくいプロジェクトだったと思う。この場を借りてお詫び申し上げたい。

　調査地に出かけては飲み，研究会をしては飲み，ニュータウン視察に行っては飲んでいた。こう書くとふざけているように見えるかもしれない。しかし，最後には必ず郊外の話になった。それだけ熱量のあるプロジェクトだったと思う。この経験は，私を一段成長させてくれた。最後までおつきあいくださった先生方に心より御礼申し上げたい。

　2012年から始まったプロジェクトもこれでいったん終了となる。このプロジェクトの間に結婚，転職，第一子出産，自宅建て替え，第二子出産を経験した。ライフステージの激動のなかで行った思い出深いプロジェクトである。私は地域研究者ではないので，ある時期まで，このプロジェクトが終わったら，勤務校のOGよろしく「地域研究はやめまぁす！」と高らかに宣言するつもりでいた。しかし，いざ終わってみると，もっとしっかりと地域のことを考え，

見守っていきたいと思うようになった。いつになるかわからないが，きっとまた郊外の研究を再開したい。そのときには，また，ご協力いただければ幸いである。

 2018 年 4 月

石 田 光 規

資　料

付表 3-1　生活満足度への回帰分析（5地区調査）

	全体				男性				女性			
	現役世代		高齢世代		現役世代		高齢世代		現役世代		高齢世代	
	B	β	B	β	B	β	B	β	B	β	B	β
(定数)	1.447		-0.298		1.261		-0.996		2.096		0.253	
女性・無職ダミー	0.308	0.155**	0.161	0.100†	–		–		–		–	
女性・有職ダミー	0.046	0.029	0.290	0.120*	–		–		-0.245	-0.163**	0.106	0.054
男性・無職ダミー	-0.084	-0.020	0.036	0.019	-0.068	-0.022	0.049	0.032	–		–	
年齢	0.001	0.006	0.006	0.041	-0.002	-0.017	0.009	0.064	0.002	0.027	0.003	0.022
ディストレス	-0.118	-0.293***	-0.121	-0.290***	-0.137	-0.311***	-0.095	-0.234**	-0.101	-0.276***	-0.142	-0.338***
主観的健康	0.042	0.125**	0.066	0.186***	0.063	0.170*	0.090	0.259***	0.027	0.087	0.044	0.122*
教育年数	-0.001	-0.001	0.028	0.082	0.019	0.044	0.043	0.125	-0.027	-0.059	0.025	0.067
対数住居面積	0.082	0.072	-0.008	-0.007	0.134	0.111	-0.005	-0.004	0.043	0.040	-0.003	-0.003
持ち家ダミー	0.159	0.087†	0.093	0.045	0.027	0.014	0.047	0.024	0.261	0.151*	0.099	0.047
既婚ダミー	-0.094	-0.052	-0.043	-0.021	-0.134	-0.074	0.033	0.015	-0.098	-0.055	-0.078	-0.040
居住年数	-0.007	-0.110*	0.004	0.064	-0.005	-0.076	0.004	0.070	-0.008	-0.143*	0.003	0.057
地域への愛着	0.101	0.265***	0.118	0.283***	0.116	0.311***	0.072	0.182*	0.082	0.212**	0.150	0.349***
友人数（5段階）	-0.029	-0.053	-0.014	-0.025	-0.070	-0.128†	-0.010	-0.020	0.006	0.011	-0.013	-0.021
世帯年収(100万円)	0.037	0.213***	0.029	0.150**	0.041	0.241**	0.026	0.142†	0.035	0.205**	0.032	0.158*
地域平均世帯年収	-0.053	-0.090†	0.095	0.126*	-0.081	-0.120†	0.139	0.182*	-0.032	-0.061	0.071	0.094
Adj. R^2	0.325		0.420		0.355		0.349		0.259		0.460	
N	424		345		182		156		242		189	

***$p<.001$, **$p<.01$, *$p<.05$, †$p<.1$

付表 3-2 生活満足度への回帰分析（5地区調査）

	全体				男性				女性			
	現役世代		高齢世代		現役世代		高齢世代		現役世代		高齢世代	
	B	β	B	β	B	β	B	β	B	β	B	β
（定数）	1.458		-0.145		1.380		-0.952		2.039		0.432	
女性・無職ダミー	0.299	0.151**	0.142	0.089	-		-		-		-	
女性・有職ダミー	0.038	0.024	0.244	0.101*	-		-		-0.244	-0.162**	0.084	0.043
男性・無職ダミー	-0.026	-0.006	0.035	0.019	0.035	0.011	0.040	0.027	-		-	
年齢	0.001	0.016	0.006	0.044	-0.001	-0.006	0.011	0.076	0.003	0.033	0.004	0.023
ディストレス	-0.112	-0.280***	-0.122	-0.293***	-0.124	-0.280***	-0.096	-0.236**	-0.100	-0.273***	-0.143	-0.341***
主観的健康	0.042	0.123**	0.068	0.189***	0.062	0.166*	0.090	0.258***	0.027	0.087	0.045	0.124*
教育年数	-0.002	-0.005	0.030	0.088†	0.017	0.038	0.044	0.128	-0.029	-0.064	0.028	0.077
対数住居面積	0.081	0.071	0.043	0.035	0.103	0.085	0.042	0.032	0.036	0.034	0.048	0.042
持ち家ダミー	0.135	0.074	0.144	0.070	0.024	0.013	0.127	0.064	0.246	0.142*	0.138	0.066
既婚ダミー	-0.115	-0.064	-0.019	-0.009	-0.151	-0.083	0.064	0.029	-0.109	-0.062	-0.046	-0.023
居住年数	-0.007	-0.109*	0.004	0.066	-0.005	-0.077	0.004	0.071	-0.008	-0.138*	0.004	0.060
地域への愛着	0.101	0.264***	0.118	0.284***	0.116	0.310***	0.081	0.203**	0.081	0.211**	0.147	0.343***
友人数（5段階）	-0.028	-0.051	-0.015	-0.026	-0.067	-0.121†	-0.017	-0.033	0.007	0.013	-0.009	-0.013
世帯年収(100万円)	0.006	0.035	0.033	0.168*	-0.008	-0.045	0.050	0.273*	0.024	0.141	0.022	0.109
相対的剥奪指数	-0.077	-0.197*	0.010	0.017	-0.122	-0.319*	0.081	0.147	-0.027	-0.070	-0.038	-0.064
Adj. R^2	0.327		0.409		0.361		0.330		0.257		0.456	
N	424		345		182		156		242		189	

***$p<.001$, **$p<.01$, *$p<.05$, †$p<.1$

付表 3-3 生活満足度への回帰分析（小学校調査）

	B	β	
（定数）	1.270		
有職ダミー	-0.044	-0.022	
年齢	-0.011	-0.054	
教育年数	0.044	0.074	†
持ち家ダミー	0.188	0.075	
教育に関する財産	0.050	0.082	†
独身ダミー	0.274	0.068	
居住年数	-0.001	-0.013	
地域への愛着	0.104	0.199	***
友人数（5段階）	0.071	0.107	*
世帯年収（100万円）	0.050	0.170	*
相対的剥奪指数	-0.129	-0.199	**
Adj. R^2	0.233		
N	439		

***$p<.001$, **$p<.01$, *$p<.05$, †$p<.1$

索　引

〈人名索引〉

饗庭伸　9
石田光規　93
小田切徳美　9
海道清信　7
北島誓子　188
木下斉　201
倉沢進　27
清水義次　192
祐成保志　7, 209
高木恒一　7, 65
高橋勇悦　27
竹中英紀　7, 64, 90
徳野貞雄　9, 141
仁平典宏　47
平山洋介　6, 57, 65
広井良典　8
増田寛也　8
三浦展　65
保井美樹　186
山本努　8
若林敬子　88, 93, 106
B. ウェルマン　30-33
M. カステル　202
A. ギデンズ　29, 32
C. クーリー　31
S. ズーキン　188
F. テンニース　27
D. ハーヴェイ　188, 202
C. フィッシャー　32, 33, 64
K. マルクス　26
L. ワース　27

〈事項索引〉

〈ア 行〉

愛宕地区　49, 93, 98, 99, 197
あたご地区自治連合協議会（あたご連協）
　54, 208
一括開発地区　4-6
エリアマネジメント　61, 186, 191, 194, 198

エリアリノベーション　61

〈カ 行〉

下位文化理論　32
学官連携　164
過疎化　88
学校運営協議会　89
学校空間のジェントリフィケーション　104
学校統廃合　87-89, 91
学校評議員制度　88
関係の選択化　28, 29, 32, 44
官民連携　188, 194
管理主義　188
企業家主義　188
既存地区　4-6
教育基本法　89
教育振興基本計画　89
ケインズ主義　188
ゲゼルシャフト　27
ゲマインシャフト　27
公営住宅法　57
郊外の均質性　65, 138
工業等制限法　164
交流組織　54
高齢化　52
国土のグランドデザイン2050　8
故郷喪失者　139
乞田囃子連　142
孤独死　55
コミュニティ　31, 89
　　——形成　89
　　——・スクール　89
　　——・バランス　59, 60
混在地区　4, 6, 93, 95
コンパクトシティ　7, 9

〈サ 行〉

ジェントリフィケーション　188, 203
事業パートナー方式　194
市場化　47, 56
持続可能性　7-11, 212, 213

221

社会階層　64-73, 90
社会経済的格差　90, 91
修正拡大集落論　141
住宅階層　64, 66, 90, 196
　　――問題　7, 49, 56, 60, 64, 90, 94, 208, 209, 213
住宅困窮者　60
住宅政策　66
主観的幸福　63
首都圏整備法　164
純粋な関係　29
私立大学改革総合支援事業　173
新自由主義　47, 60, 187, 202
新住宅市街地開発法　186
セーフティネット　56, 60
漸進開発地区　4, 6, 93
相対的格差　68
相対的剥奪　69

〈タ　行〉

第一次集団　31
第一次的接触　27, 30, 31
第一次的紐帯　31
大学の郊外移転　164
第二次的接触　27, 30
建て替え　96, 97
多摩市　12-14, 87, 90
多摩ニュータウン　88, 90, 94, 95, 105
団地再生　188
地域―学校関係　89, 98
地域運営学校　89
地域振興　89
地域祭り　138, 139
地区　4

地方創成会議　8
賃貸・公営団地地区　4, 6, 93, 95
通学区域　87, 89
　　――変更　87, 88
つながり　82, 185
　　地区間の――　3
　　地区内の――　3, 5
撤退の農村計画　8
都営団地　50, 51
ドーナツ化　88
都市再生機構　188
都市祭礼　137
都市的生活様式　27
都心回帰　163
戸建て地区　4, 6

〈ナ　行〉

ニュータウン再生　185
認知症サポーター　113, 120

〈ハ　行〉

パークマネジメント　199
徘徊高齢者SOSネットワーク　118
東日本大震災　97
ひばりが丘パークヒルズ　194
分譲　51
分譲団地地区　4, 6
分断　2, 57, 98, 103, 106, 198, 201

〈マ・ヤ・ラ行〉

まち・ひと・しごと創生総合戦略　89
闇のない祭り　140
リノベーション　189, 190

執筆者紹介（執筆順，＊は編著者）

＊石田　光規（いしだ　みつのり）［序章，第1章，終章，あとがき］
　　東京都立大学大学院社会科学研究科社会学専攻博士課程単位取得退学（博士　社会学）
　　現在，早稲田大学文学学術院 教授
　主要業績
　　『友人の社会史――1980-2010年代　私たちにとって「親友」とはどのような存在だったのか』
　　（2021，晃洋書房），『「ふつう」の子育てがしんどい――「子育て」を「孤育て」にしない社会へ』
　　（2023，晃洋書房）。

林　浩一郎（はやし　こういちろう）［第2章，第8章］
　　首都大学東京大学院人文科学研究科社会行動学専攻博士後期課程修了（博士　社会学）
　　現在，名古屋市立大学人文社会学部 准教授
　主要業績
　　「多摩ニュータウン開発の情景――実験都市の迷走とある生活再建者の苦闘」（2008，『地域社会学
　　会年報』20，日本都市社会学会若手奨励賞受賞），「多摩ニュータウン「農住都市」の構想と現実
　　――最後の開発住区の酪農家と養蚕家の岐路」（2010，『日本都市社会学会年報』28，地域社会学会
　　奨励賞受賞）。

脇田　　彩（わきた　あや）［第3章］
　　首都大学東京大学院人文科学研究科社会行動学専攻博士後期課程単位取得退学（博士　社会学）
　　現在，お茶の水女子大学基幹研究院 准教授
　主要業績
　　「現代日本女性にとっての階層再生産」（2013，『社会学評論』63(4)），「ジェンダーと職業威信」
　　（2021，『理論と方法』36(1)）。

井 上 公 人（いのうえ　きみひと）［第 4 章］
　立教大学大学院社会学研究科社会学専攻博士課程後期課程単位取得満期退学
　現在，法政大学キャリアデザイン学部 兼任講師
主要業績
「郵送調査の回収率を高める要因の再検討の重要性——予告状，私信化，返信用切手貼付に着目して」（2015，『立教大学大学院社会学研究科年報』22），「人口減少期の大都市郊外における通学区域変更にみる地域—学校関係——多摩市における保護者の否定的回答と『無関心』の分析」（2017，『応用社会学研究』59）。

井 上 修 一（いのうえ　しゅういち）［第 5 章］
　東洋大学大学院社会学研究科社会福祉学専攻博士後期課程修了（博士　社会福祉学）
　現在，大妻女子大学人間関係学部 教授
主要業績
『特養入居者家族が抱く迷いと家族支援——施設ケアはいかにして家族を結びなおすことができるか』（2020，生活書院），「つながりあう特養家族会」（2020，『〈つながり〉の社会福祉——人びとのエンパワメントを目指して』生活書院）。

大 槻 茂 実（おおつき　しげみ）［第 6 章，第 7 章］
　東京都立大学大学院社会科学研究科社会学専攻博士課程単位取得退学（博士　社会学）
　現在，東京都立大学都市環境学部 准教授
主要業績
「社会階層と移民——国勢調査データによる探索的検討」（2022，『格差と分断/排除の諸相を読む』晃洋書房），「多文化共生における協働の課題と可能性——福祉とのかかわりで」（2023，『福祉と協働』ミネルヴァ書房）。

郊外社会の分断と再編
——つくられたまち・多摩ニュータウンのその後——

2018年4月14日　初版第1刷発行	＊定価はカバーに
2024年4月15日　初版第2刷発行	表示してあります

編著者　石　田　光　規ⓒ

発行者　萩　原　淳　平

印刷者　藤　森　英　夫

発行所　株式会社　晃洋書房

〒615-0026　京都市右京区西院北矢掛町7番地
電　話　075(312)0788番(代)
振替口座　01040-6-32280

装丁　尾崎閑也　　印刷・製本　亜細亜印刷㈱

ISBN978-4-7710-3002-2

JCOPY 〈㈳出版者著作権管理機構 委託出版物〉

本書の無断複写は著作権法上での例外を除き禁じられています．
複写される場合は，そのつど事前に，㈳出版者著作権管理機構
（電話 03-5244-5088, FAX 03-5244-5089, e-mail : info@jcopy.or.jp）
の許諾を得てください．